【文庫版】

D・カーネギー

# 話し方入門

市野安雄【訳】

HOW TO
DEVELOP
SELF-CONFIDENCE
AND
INFLUENCE
PEOPLE BY
PUBLIC
SPEAKING



創元社

目　次

装幀　鷺草デザイン事務所

# 第1章
# 勇気と自信を養う

一九一二年以来、五十万人を超す人々が、私の考案したパブリック・スピーキング・コースを受講しました。入会の動機と目標について、多くの人が手紙に書いてくれています。もちろん言いまわしはさまざまですが、要望の核心となる部分、膨大な数の人々の願いの基本は、驚くほど似通っています。誰もがこう言っています。「人前に出て話をするように言われると、自意識と恐怖心で頭がぼうっとして、考えはまとまらず、何を言おうとしていたのかも思い出せないありさまです。自信と落ち着き、人前に立っていてもちゃんとものが考えられる力が、私はほしいのです。仕事上でも私的な会合でも、また大勢の聴衆を前にしても、考えを論理的にまとめ、自分の言いたいことを明確に説得力をもって話せるようになりたいのです」。何万もの人々が明かした胸のうちは皆、ほぼこのようなものでした。

具体例を挙げましょう。何年も前のことですが、一人の紳士が、フィラデルフィア市の私どものコースに入会してきました。ここでは仮にD・W・ゲント氏としましょう。開講後間もなく彼は、商工クラブでの昼食に私を招いてくれました。ある製造会社のオーナー社長であり、教会の仕事や社会的な活動でもリーダーを務めていて、多忙な日々を送っている中年紳士でした。その彼が昼食の間中、テーブルの向こうで身を乗り出すようにしてこう話すのです。「私はこれまで何度となくさまざまな会合でスピーチを頼まれたのですが、一度として引き受けることができませんでした。いざとなると、あがって頭の中が空っぽになってしまうのです。だから、私は人前で話すことは今までいっさい避けてきました。ところが今度、ある大学の評議会の会長にされてしまったのです。どうしても議事進行をしなければならない。とにかく何かしゃべらなくてはいけないのです。こんな年になって話し方など学べるものでしょうか、どうお思いですか？」

「どう思うかですって、ゲントさん。思う思わないの問題ではないんですよ。私はもう確信しているんです、あなたが十分おやりになれることを。指示や指導に従って練習を積みさえすれば、間違いなくおできになります」

しかし、そう信じたいのはやまやまでも、私の言葉はあまりにも楽観的に聞こえたようです。「ご親切で言ってくださっているのではないでしょうか、ただ私を気落ちさせまいと」と彼は答えました。

そのゲント氏がコースを卒業したあと、しばらくはお互いに顔を合わせる機会がありませんでしたが、その後再び商工クラブで昼食をともにすることになり、私たちは最初と同じ場所、同じテーブルに席を占めました。前回の話を持ち出して、あの時の私は楽観的にすぎたのかどうか尋ねますと、彼は小さな赤い背表紙の手帳をポケットから取り出して私に見せます。自分の講演スケジュールでした。そしてこう打ち明けてくれました。「このように人前で話せることやその楽しさ、それに世の中のお役に立てることがもう一つ増えたこと、そのどれもが私の人生でかけがえのない大きな喜びになりました」と。

それより少し前、ワシントン市で重要な軍縮会議が行なわれました。この会議へのイギリス首相の出席予定が伝わると、ゲント氏の住むフィラデルフィア市のバプテスト教会は、同市で開く大集会での演説をお願いしたいとイギリス首相宛てに打電しました。そしてゲント氏の話では、フィラデルフィア中のバプテスト教会員の中から選ばれて、自分がイギリス首相を参会者に紹介する大役を仰せつかったというのです。

それがつい三年にもならない前、この同じテーブルで思いつめたように、自分は本当に人前で話せるようになるのだろうかと、私の意見を求めた当のその人なのでした。

ゲント氏のこの急速な進歩は異例のものだったのでしょうか？　とんでもありません。同じような例は山ほどあるのです。もう一つ具体例を挙げるなら、ブルックリンに住む医師の場合でしょう。ここではカーティス氏と呼びます。数年前、彼は冬をフロリダ州で過ごしましたが、そこはジャイアンツのキャンプ地のそば。熱烈な野球ファンである彼は、練習をしょっちゅう見に出かけているうちに、選手たちとすっかり意気投合、彼らの慰労パーティーに招待されることになりました。

食後のコーヒーとナッツが出され、何人かの来賓が一言述べるよう指名されました。その時、突然耳に入ってきたのは、まさに青天の霹靂《へきれき》ともいうべき司会者の言葉でした。「今夜は会場にお医者様がお一人おいでです。カーティス先生にぜひ、野球選手の健康についてお話しいただきたいと存じます」

彼にその用意はあったでしょうか？　もちろんです。世界中の誰よりも準備万端整っていました。衛生学を研究し医療に携わって、すでに三分の一世紀にもなろうとしていたのですから。椅子に腰かけたまま隣の人を相手に話すのだったら、夜を徹することもできたでしょう。けれど、たとえ少人数でも、聴衆の前で話すとなると別問題。まったくお手上げでした。心臓は早鐘のように打ち、動悸は乱れに乱れました。彼は、いまだかつてスピーチなどしたことがなかったのです。頭にあったこともすべて、とっくの昔に羽が生えてどこかへ飛んでいってしまっていました。

いったいどうすればいいのでしょうか？　拍手が鳴り響き、皆が自分に注目しています。断りのつもりでかぶりを振ってみましたが、かえって拍手は一段と大きく、催促はますます急になっただけ。「カーティス先生、スピーチ、スピーチ」。声援はますます大きくなる一方です。

彼はこのうえなくみじめでした。こんな状態で立ち上がっても、失敗は目に見えています。二言三言しゃべるのもおぼつかないでしょう。無言のまま席を立ち、皆に背を向けて、ひっそりと退室したのです。どうしようもないばつの悪さと屈辱感に打ちひしがれながら。

その彼が、ブルックリンに帰るなり、私どものパブリック・スピーキング・コースに参加申し込みをしたのも、無理からぬ話です。面目丸つぶれで物言えぬ苦しみを味わうのは、二度とごめんでした。彼は教えがいのある生徒でした。死に物狂いだったのです。話せるようになることを切望する、その思いにいい加減なところはみじんもありません。スピーチの内容を周到に準備し、練習に身を入れ、欠席はゼロで通しました。

こういうタイプの受講生が必ずたどる道を、彼もまた正確につき進みました。自分でも驚くほどめきめきと腕を上げ、その切望する目標をしのぐほどに成長しました。最初の数回の授業が終わると、不安は影をひそめて自信はぐんぐん深まり、二カ月でもうクラスの花形でした。やがて外部でのスピーチに招かれるまでになります。人前で話すことの快感、そこで得る栄誉や新しい友人は、今や彼の何よりの喜びとなったのです。

そのスピーチを聞いた、ニューヨーク市の共和党選挙対策本部の役員の一人が、党のために応援演説をお願いしたいと言ってきました。カーティス氏その人が、つい一年前には人前が怖くてしゃべれず、恥ずかしさと困惑のうちに席を立って会場をあとにした当の人物だと知ったら、その共和党員の驚きはどんなだったでしょう。

自信と勇気、そして人前で話しながら冷静に考えをまとめる力を身につけるのは、ほとんどの人が思う十分の一ほどにも難しいことではありません。少数の限られた人々に天が授けた才能などではないのです。それはゴルフの腕前のようなもので、本気でうまくなりたいと思えば、誰でも自分の潜在的な力量を伸ばすことができるのです。

座っていれば筋道を立てて考えられることが、聴衆を前にして立つとそれができなくなってしまうことなどあり得ましょうか？　そう、もちろん、そんなことがあるはずはありません。それどころか、大勢の人を前にしたほうが頭がよく働くはずです。聴いてくれる人がいるということが、あなたを刺激しあなたの気持ちを高揚させるのです。スピーチをする人ならたぶん、誰でもこう言うでしょう。目の前に聴衆がいるというそのことは、頭の働きを明晰で鋭敏にする刺激と着想を与えてくれると。そうした場面では、自分では気づかなかった思想や忘れていた事例、思いがけないアイディアが、あの奴隷制度廃止運動を推進したアメリカの牧師ヘンリー・ウォード・ビーチャーの言葉を借りれば「煙のようにあたりに漂い」、話し手はただ手を差し伸べてそれをしっかりつかめばいいのです。こんな体験はあなたにも可能です。くじけずに練習に励むならきっと。

訓練を受け練習を重ねることで人前で話す恐怖が克服され、自信と確かな勇気が身につく。ここまでは、あるいはあなたにとってわかりきったことかもしれません。

問題は、あなたの場合の難しさだけが特別だと考えることです。そんな考えは捨ててください。後日、当代の名演説家として知られるようになった人々でさえ、出発点ではどうしようもない恐怖心と自意識に悩んでいるのです。

アメリカ民主党の政治家、ウィリアム・ジェニングス・ブライアンは、演説にかけては幾多の場を踏んだ練達の士でしたが、このブライアンでさえ、最初の頃は人前に立っただけでひざががくがく震えたと白状しています。

アメリカの作家マーク・トウェインは、はじめて演壇に立った時、口の中には真綿が詰まり、心臓の鼓動は優勝カップを目指して疾走しているかのようだったといいます。

グラント将軍は南北戦争でビクスバーグを攻略し、当時としては有数の軍隊に勝利をもたらした人物ですが、いざ聴衆の前に出ると、歩行性運動失調症そっくりの状態になったことを認めています。

当時のフランス政界随一の雄弁家ジャン・ジャウレスは、下院において無言のまま座すこと一年、やっとの思いで初演説を行なったといいます。

イギリスの大政治家ロイド・ジョージも打ち明けています。「はじめて演説を試みた時は、まったくもって悲惨というしかなかった。誇張でも何でもなく、文字どおり舌が上顎に張りついて、出だしの一言がいっこうに出てこないのだ」と。

ジョン・ブライトは南北戦争当時のイギリスにおいて、連邦主義と奴隷解放を擁護した高名な政治家ですが、彼の初演説は学校に集まった村人が聞き手でした。それでも、会場への道すがら、彼はおびえきり、失敗するのではないかと非常に恐れて、自分が恐怖感に呑まれそうな気配が見えたら、いつでも拍手で元気づけてほしいと仲間に頼み込んだそうです。

アイルランドの偉大な指導者チャールズ・スチュアート・パーネルも、演説のキャリアが緒についた頃の動揺はひどいものでした。兄弟の証言によれば、爪が肉に食い込み手のひらが血に染まるまで、拳を握り締めることがよくあったとのことです。

イギリスの大政治家ディズレーリは当初、下院で演説するくらいなら騎兵隊の攻撃を指揮するほうがまだましだと思ったそうです。初演説は無残な失敗に終わったとか。シェリダンとて同様でした。

高名な雄弁家が、実際に揃いも揃って初期の演説の出来ばえがお粗末なので、イギリスの国会ではこのところ、新人の初演説が非の打ちどころのないものだと、かえってその人物の将来の出世を危ぶむ空気があるとか。どうぞご安心を。

私は、多くの人がスピーチに上達していく過程を間近に見、またそれを多少なりとも手助けしてきたからか、私どものコースの新入生がある程度の動揺や神経質な様子を示すのを見ると、いつもかえってうれしくなるのです。

たとえ三十人そこそこの仕事上の会合でも、人前で話をするのにはある種の責任がつきものです。ある種の緊張、ある種の動揺、また何らかの興奮状態とも言えましょうか。話し手というものは号砲を待つサラブレッドのように、緊張を強いられて当然なのです。あの不滅の雄弁家キケロが、二千年も前に「真に価値ある演説には一つの共通点がある。それは、話し手があがっている、ということだ」と語っています。

これと同じ気持ちを、話し手たちはラジオを通して話す場合にも経験します。いわゆる「マイク恐怖症」です。チャールズ・チャップリンがラジオに出演した時、彼は完璧な原稿を用意してスタジオに入ったといいます。もちろんすでに観客というものには慣れっこだったというのに。一九一二年には「ミュージック・ホールの一夜」と題したバラエティー・ショーでアメリカ各地を巡業、それ以前にもイギリスで本格的な舞台に立っていたのですから。にもかかわらず、防音されたスタジオに入ってマイクに向かった時の胃の痛み。荒れ狂う二月の大西洋を横断する時の船酔いのような苦しさだったとか。

有名な映画俳優兼監督のジェイムズ・カークウッドも、似たような目に遭っています。かつてトーク・ショーのスターだった彼も、見えない観客に向けて話しかけたあと、スタジオから出てきた時、額は玉の汗。「ブロードウェイの初日だって、これにくらべれば物の数じゃないね」と語ったそうです。

なかにはどんなに経験を積んでも、はじめる間ぎわになると、この恐怖にとらえられるという人もいます。演壇に立って数秒もすれば消えてしまうものなのですが……。

あのリンカーンでさえ、最初の数分はどぎまぎしたようです。彼の法律顧問ハーンドンによれば、「はじめのうち、彼はまことにぎこちなく、その場に相応しくふるまうのがいかにもつらそうでした。はた目にもわかるほど自信を失い、神経過敏になっていて、しばらくはそれと格闘するのですが、かえってぎこちなさが増すばかり。私はそんな瞬間を何回も目にし、リンカーン氏に同情を禁じ得ませんでした。話しはじめると、声は震えてかん高く聞きづらい。彼の物腰、身ぶり、浅黒く黄ばんだ顔、しわのあるかさついた皮膚、奇妙な姿勢、おずおずした態度——何もかもが不利に働きました。でもそれは、ほんの一時のことでした」。数分もすると、彼に落ち着きと温かさと誠実さが戻って、いよいよ本来のスピーチがはじまるのでした。

あなたにも似たようなことがあるのではないでしょうか？

話し上手になるための努力をする中で、最大の実りをしかもなるべく短期間で得るために、次の四つのポイントを銘記してください。

## ◉1、よい話し手になろうという一途な執念を持つことからはじめる

このことは、たぶんあなたが考えているよりはるかに重大です。もし今、胸のうちをのぞき込んで思いの深さを測れるなら、インストラクターはあなたの習得の速度をほぼ間違いなく予言できるでしょう。願望が色あせた弱々しいものだと、到達点もそれに見合ったものにしかなりません。しかし、粘り強く、猫を追いかけるブルドッグのエネルギーをもって課題に迫るなら、宇宙広しといえども、あなたを挫折させるものはどこにもないでしょう。

独学への執念をかき立ててください。この独学というものにどんな利点があるかを指折り数えてみることです。新たな自信を得、人前で説得力をもって話せるということが、あなたにとってどんな意味を持つのか。金銭面での可能性と、当然得られるだろう報酬について。一方、社会的にはどうでしょうか？　友人の輪の広がり、より大きな影響力や指導力などなど。そして指導力発揮への最短距離を行こうと思うなら、これにまさるものはな

いのです。

アメリカの政治家チョウンシー・M・デピューも、「出世のため、社会的に一目置かれるための誰にも可能な一番の早道は、うまいスピーチをすることだ」と述べています。

巨額の財をなしたフィリップ・D・アーマーでさえこう言ったとか。「私は大資本家であるよりも、大演説家でいたかった」と。

スピーチの能力は、教養ある人なら誰しも身につけたいと憧れるものです。鉄鋼王アンドリュー・カーネギーの死後、書類の中に三十三歳当時の人生設計を記したものが見つかりました。その中で彼は、あと二年あれば事業の収益を年間五万ドルにできる見込みがついたので、自分は三十五歳で引退してオックスフォード大学に行き最高の教育を受ける、そして「特にスピーチの力をつけることに意を注ぎたい」と書いているのです。

スピーチ上手というこの新しい能力を生かすことが、どんなに心を満たし喜びをもたらすものか、考えてみてください。私は世界を広く旅し、さまざまな経験をしてきました。しかし、そんな私でさえ、心の底からの、しかも持続的な満足感を得られるという点では、これをしのぐものを他に知りません。すなわち、聴衆の前に立ち、人々を自分の考えに沿って導く喜びにまさるものは。自分の中に力がみなぎり、人を動かすことができたと感じるはずです。何事かを成し遂げるという、人間としての誇りにも十分応えてくれるでしょう。この新しい能力によって、あなたは仲間から傑出して、その上に立つようになれるのです。そこには魔力が潜み、そのスリルは忘れがたいものです。「開演二分前には、話しはじめるより鞭《むち》で打たれたほうがましだと思うのに、終了二分前になると、話をやめるくらいならピストルで撃たれたほうがよいと思うほどです」と言う人さえいるのです。

どの段階でも、やる気が失せて脱落する人が出ます。だから、スピーチの技術とは自分にとって何なのかを問い続け、それを得たいと一途に思いつめるまでにならなければなりません。ゴールまでの道のりを意気盛んにやり抜くだけの執念を持って臨むべきでしょう。毎週一晩、曜日を決めてこの本に目を通すようにしてはいかがですか？　要は、進路を整えて退路を断つということです。

ジュリアス・シーザーが軍団を率い、当時のガリア地方からドーバー海峡を越えて現在のイングランドに上陸した時、勝利を確かなものにするため、どんな策を講じたか？　それは実に賢明なものでした。彼はドーバーの白亜の断崖上に兵を休止させます。約六十メートル下の波のうねりを見下ろした兵士たちの目に入ったものは、海を越えてきた自分たちの船をことごとく焼き尽くす、真っ赤な炎でありました。敵国にあって、大陸との最後の絆《きずな》、最後の退却手段は燃え尽きたのです。その時、兵士たちにできることはただ一つ。進撃し、敵を征服することだけでした。そして彼らは、まさにそのとおりのことをやり遂げたのです。

あの英雄シーザーの気迫とはこのようなものでした。あなたもこの心意気を我がものにしない手はないでしょう。人前での愚かな恐怖という敵を、退治すべき戦いに臨んで。

## ◉2、話そうとする内容を知り尽くす

その話題について、十分に考え、構想を練り、内容を熟知していない限り、人を前にして心の平静を保つことはできません。盲人が盲人の手を引くようなものです。そんな状態では、話し手が自意識過剰となり、後悔し、自己の怠慢を恥じても当然、と言わなければなりません。

アメリカの第二十六代大統領テディー（セオドアの愛称）・ルーズヴェルトは、自伝の中にこう書いています。「私は一八八一年の秋に州議会議員となるが、議員の中では最年少だった。若年で経験の浅い者の例に漏れず、私はスピーチの腕を上げようとして壁にぶつかっていた。そんな時、同郷のある頑固な老人の助言に大いに助けられる。この老人は無意識にウェリントン公の言葉の受け売りをしていたのだが、そもそもウェリントン公にしてからが誰かの受け売りをしていたのは間違いない。その助言とはこうだ。『胸のうちに言いたいことが確かにあると思うまでは、口を開いてはならん。確かだとなれば、ただそれが何であるかだけをつきとめる。そこで話をする、そして着席するんだ』」

この「頑固爺さん」はルーズヴェルトに対し、もう一つ助言すべきだったかもしれません。次のようにつけ加えるべきでした。「もし聴衆の前で何らかの動作ができるなら、ぎこちなさを和らげる一助となろう。何かを見せる、黒板に字を書く、地図上の一点を指し示す、机を動かす、窓を開け放つ、机の上の本や書類を置き換える――それぞれ一応の目的

を持った動作であれば、どんなことでもあなたの気持ちを楽にしてくれるだろう」と。
もちろん口実はいつもそう簡単に見つかるわけではありませんが、これも一つの案ではあるでしょう。可能な場合はやってみてください。ただし、最初のうちだけです。赤ん坊だっていったん歩くことを覚えれば、椅子にしがみついたりはしないものです。

## ◉3、あえて自信ありげにふるまう

アメリカの生んだ高名な心理学者ウィリアム・ジェイムズ教授が、次のように言っています。

人間の行動は感情に従っているように見えるが、実際にはこの両者は相伴うものである。意志の直接の支配下にある行動を統制することにより、意志のままにならない感情をも間接的に律することができる。

したがって、もし自然発生的な快活さが失われた時は、その快活さを取り戻す最上の自発的な方法は、いそいそと立ち上がり、いかにも快活らしくふるまうことである。こうした行動をとっても心が晴れないならば、その場合はもう他に打つ手はないと言うべきだろう。

勇気を持ちたければ、意志力を総動員して勇者らしくふるまうことだ。やがて、恐怖何するものぞという気持ちが、おびえた心に取って代わることだろう。

ジェイムズ教授の助言を応用してみましょう。聴衆に向かった時に勇気を奮い起こすために、あなたも勇気ある人を演じるのです。もちろんスピーチの準備ができていなければ、どんな演技も無駄になります。話す内容を把握しているとして、それなら威勢よく歩み出て、深呼吸を一つしましょう。深呼吸と言えば、いよいよ登壇するという時にも三十秒間やってみてください。体中の酸素が増えて、元気いっぱい勇気百倍です。偉大なテノール歌手ジャン・ド・レシュケも口癖のように言っていました。息を大きく吸って「気持ちを落ち着ければ」弱気の虫など吹っ飛んでしまうと。

どんな時代、どんな国でも、勇敢さは常に賞賛の的です。だから、胸のうちでは心臓が破裂しそうでも、堂々と大股で進み出て、落ち着き払って正面を向き、そしていかにもスピーチを楽しむかのようにふるまうことです。

背筋をしゃんと伸ばし、聞き手の目をまっすぐに見つめる、そしてそこにいる誰もがあなたに借金をしているのだと考えて、自信たっぷり話しはじめるのです。本当にそう思ってみるのです。彼らは、あなたからの借金の支払い期限の繰り延べを願い出るために、集まってきている、と想像してみてください。あなたにとってその心理的な効用は、なかなかのものだと思いますよ。

神経質そうに、ボタンを掛けたり外したり、ネックレスをもてあそんだり、手をごそごそ動かしたりするのはやめましょう。どうしても神経質な動きを抑えられなかったら、こうしてはどうですか？　手を後ろに組んで、誰にも見えないように指をからませるとか、または足の爪先をもぞもぞさせるとか。

一般的に言えば、話し手が物の陰に隠れるのはよくありません。けれど、最初のうちは机や椅子の後ろに立ったり、それをしっかりつかむと、いくらか安心できるでしょう。手のひらの硬貨を握り締めるという方法もあります。

テディー・ルーズヴェルト大統領はどのようにしてあの独特の勇敢さと自信を身につけたのでしょうか？　生まれながらに大胆不敵な精神に恵まれていたのでしょうか？　いいえ、とんでもない。自伝の中で彼はこう告白しています。「病弱で不器用な少年だった私は、青年期になっても神経質で、自分に勇気があるとはとても思えなかった。そのため、肉体ばかりでなく精神についても、苦痛と努力を伴う訓練を自らに課さねばならなかったのだ」

ありがたいことにルーズヴェルトは、そんな自分がどうやって変身を遂げたかを書き残しています。

「少年の頃、私はマリヤットの海洋小説を愛読していた。その中に、イギリスの小さな軍艦の艦長が、主人公に対し、勇敢になる方法について語るくだりがあった。彼はこう言っていた。はじめて戦闘を開始する時は、誰だって怖い。だが、次の段階では、自制心を働かせ、一見恐れていないかのようにふるまうことができる人間が勝つ。その状態がかなり維持できれば、あとはそんな演技が現実になる。実際は持っていない勇気を持っているかのように行動する。まさにそのことだけで勇敢になれるのだ。これはまぎれもない事実である（以上は原文のままではなく、私自身の言葉で書いた）」

「これが私の指針となった考え方である。私の恐怖心の対象は当時あらゆるもの、灰色熊《グリズリー》から暴れ馬やならず者にまで及んでいた。だが、怖くないふりをするうちに、恐怖は収まっていった。やろうと思えば、これは誰にでもできることだと思う」

　あなたもその気になれば、まさに同じ経験ができるのです。「戦争における最上の防御は攻撃である」というフランスのフォッシュ元帥の言葉を待つまでもなく、恐怖に対し攻勢に出るべきです。大胆不敵にあらゆる機会をとらえ、飛び出していって敵にぶつかり、戦い、屈服させるのです。

　まず、人に伝えようとする内容を用意する。あとは、自分はウェスタン・ユニオン電報会社の配達員で、それを配達するよう指示されている人間なのだと思ってください。配達員には誰も注意を払わないでしょう。ほしいのは電報なのですから。伝える内容、それが問題なのです。話の内容に全身全霊を傾けてください。それを隅々まで我がものにし、それに思いを込めてください。そして、決然と相手に話しかけるのです。そうすれば、あなたがその場の主人公、また自分自身の主人公になる日が近いことは、もう間違いありません。

## ◉4、一にも練習、二にも練習

ここで述べる最後のポイントは、何といっても一番大切です。たとえ今まで読んできたことをすべて忘れても、これだけはしっかり覚えておいていただきたい。スピーチでの自信を養うための最初で最後、そして決して失敗することのない方法――それは、とにかくスピーチをする、ということです。これまでにあれこれ述べてきたことも、煎じつめればただ一つ。一にも練習、二にも練習。練習以外にありません。これこそ必須条件なのです。ルーズヴェルトはこんな警告もしています。「初心者は誰でも、〝バック熱〟にかかりやすい。これは狩猟の初心者が獲物を見た時に陥る神経の強度の興奮状態のことで、臆病さとはまったく無関係のものと思われる。はじめて雄鹿（バック）を見たり、戦いの初陣《ういじん》に臨んだりする場合と同様に、大勢の聴衆の前ではじめて話をする人がこれに冒される可能性は十分ある。こういう人に必要なのは、勇気ではなく神経のコントロールと冷静さである。これは実践でしか身につかない。習慣と、自律の反復練習によって、神経を完全にコントロールできるようになること。これはほとんど性癖の問題といってもいい。すなわち、努力を積み重ね、強い意志で練習を繰り返す、という意味で。そうした素質を備えた人であれば、練習を繰り返すたびにぐんぐん成長するだろう」

人前を恐れる気持ちを追い払ってしまいたい、とお考えのあなた。では、ご一緒にその原因を探ってみましょう。

「恐れは、無知と不安から生まれる」とロビンソン教授が『The Mind in the Making（精神の発達過程）』の中で述べています。言い方を変えれば、恐れは自信の欠如の結果ということです。

では、その自信の欠如の原因は何なのか？　それは自分の本当の力を知らない、ということから来ています。そして本当の力を知らないのは、経験不足のためなのです。成功した経験を積んだ暁には、あなたの恐れは消え失せているはずです。七月のまばゆい太陽のもと、夜霧が溶けてしまうように。

ここで確かに言えることが一つあります。それは、泳げるようになるための一番の方法は、水に飛び込むことだ、ということです。あなたはもう本書には十分つきあっていただきました。今度は、しばらく本を閉じて、実践に取り組んでみてはどうでしょうか？

まず、話題を決めること。それもなるべくなら、多少でも知識を持っている分野を選び、それを三分の話にまとめてみてください。一人で何回も何回も練習したあと、できれば、聞いてもらいたいと思うグループまたは何人かの友達を前に、全力を傾けてその労作を披露してみてください。

## ◈まとめ◈

一、数千人の受講生が、私どものパブリック・スピーキング・コース受講の動機と期待する効果について、私宛てに書き送ってきてくれた。ほぼ全員の挙げる受講理由の第一は、人数の多少にかかわらず聴衆を前にして、落ち着きのなさを克服し、人前に立った状態で考えをめぐらし、自信と余裕を持って話ができるようになりたい、というものだった。

二、そのような力をつけることは、それほど難しくはない。ごく一部の優れた人が天から授けられた才能などではなく、ゴルフの腕前と同様に男女を問わず誰でも、動機さえ十分であれば、自分が生まれながらに持っている能力を伸ばせるものだ。

三、経験豊かな話し手の多くは、一人の相手と会話をしている時よりも複数の人々を前にしたほうが、もっとよく考え、うまく話せるという。人数が多いほど、聞き手の存在は刺激と着想を与えてくれるものと思われる。本書の助言を忠実に守っていけば、あなたにもそんな経験が自分のものになり、スピーチの機会を心待ちにする日が来ることだろう。

四、自分の悩みは特殊だという考えは持たないこと。のちには名高い雄弁家となった人も、そのキャリアの初期には自意識の虜《とりこ》になって、聴衆を前にした恐怖でほとんど立ち往生してしまったという。ブライアン、ジャン・ジャウレス、ロイド・ジョージ、チャールズ・スチュアート・パーネル、ジョン・ブライト、ディズレーリ、シェリダンその他大勢の人々がそんな経験をしている。

五、どんなにスピーチの経験を積んでも、いざ話しはじめるとなると、決まってこの自意識過剰にとらわれるかもしれない。しかし、立ち上がって数秒もすれば、それもたちまち消え去ることだろう。

六、本書の効用を最大限に、しかもなるべくすみやかに生かすため、次の四点を実行してほしい。

1、強く、持続的な願望を持ってはじめる。自らを訓練する努力がもたらす利点を数え上げて、熱意をかき立てる。経済的と社会的、それに影響力や指導力の強化という点からも、スピーチ能力を向上させることの意味を考えてほしい。進歩の速さは、願望の深さに比例することを忘れずに。

2、準備は怠りなく。話そうとする内容が十分わかっていないと、自信は持てない。

3、自信満々にふるまうこと。「勇気がほしいなら、意志力を総動員して、さも勇敢そうにふるまう。するとおそらく、勇気が恐怖心に取って代わることだろう」とはウィリアム・ジェイムズ教授の助言である。テディー・ルーズヴェルトはこの方法で、灰色熊《グリズリー》や暴れ馬、ならず者に対する恐怖を克服したと打ち明けている。あなたもこの心理学上の事実を利用して、人前での恐怖に打ち勝つことができるのではないだろうか？

4、練習を積むこと。これは最も大切なポイントである。恐怖心は自信の欠如が原因であり、自信の欠如は自分の実力を知らないことから来る。そして実力を知らないのは、経験不足の結果である。つまり、成功した経験を積めば、恐怖心は消えるということである。

# 第2章

# 自信は周到な準備から

楽しみとして、また仕事として、私は一九一二年以来毎シーズン、年間約六千に及ぶスピーチを聞き、批評してきました。それも、学生のスピーチではなく、ビジネスマンをはじめ社会人のものです。そんな経験を通して特に強く心に刻み込まれたことがあるとすれば、それは次の点です。話しはじめるまでの準備、および明瞭確実に話せるもの、強く心を動かされたもの、言わずにはいられない何かを持っていること。それらがまず何よりも必要だという点です。頭と心の中に本当に言いたいことがあって、聞き手にもそれをぜひ伝えたいと願っている。そのように感じさせる話し手には、思わず引きつけられるということはありませんか？　スピーチの秘訣の半分は、まさにそこにあるのです。

精神や感情がそんな状態にある時、話し手は大事なことに気づくでしょう。すなわち、話がほとんど自ずから出来上がっていくという事実に。くびきはゆるく、荷は軽いからです。周到に準備されたスピーチは、それだけでもう九割方相手に伝わっているというわけです。

第1章で述べたように、この話し方の訓練を希望する人の大部分は、自信と勇気と自立を我が手にしたいというのが動機です。ところが、その多くが犯す致命的な誤りは、準備を怠ることなのです。恐怖という名の兵の一団、不安という名の騎兵隊を制圧する戦いに臨んで、湿った火薬と空《から》の薬莢《やっきょう》しかなかったり、弾薬が底をついているようでは、何の展望があるでしょうか。そんな状態では、聴衆を前にして本当の意味でくつろげなくても、少しも不思議はありません。ホワイト・ハウス時代のリンカーンも言っています。「言うべき内容が何もないのに、恥ずかしげもなく人前で話をするほど老いぼれてたまるものか、といつも私は自戒している」と。

自信を得たいなら、なぜそのために必要な努力をしないのでしょうか？「完璧な愛は、恐怖を退ける」とは聖ヨハネの言葉。完璧な準備もしかり。ウェブスターに至っては、聴衆の前に立つのに、準備が半分しかできていないよりは、衣服を半分しか身につけていないほうが、まだましだと言っているくらいです。

それでは、どうして私たちはもっと入念な準備をしないのか？いったいなぜ？それは、準備というものが何なのかも、また、何から手をつければよいのかもわからないという人がいるからです。かと思えば、そんな時間がないと弁解する人もいます。そこで本章では、この問題についてかなり突っ込んで考えてみようと思います。

## ◉正しい準備の仕方

準備とは何か？　本を読むことでしょうか？　それも一つですが、ベストではありません。なるほど読書は助けになるでしょう。けれど、もし本の中から「缶詰めにされた」知識をたくさん引っ張り出して、それをすぐに、さも自分のもののように発表するつもりなら、スピーチ全体が何かを欠くことになります。聞き手には、何が欠けているのか定かではないかもしれませんが、ともかく話し手に引き込まれるということがないのです。

実例を挙げましょう。私は以前、ニューヨークの都市銀行の幹部向けに、パブリック・スピーキング・コースを実施したことがあります。そんなグループですから、メンバーは誰もが当然多忙をきわめており、十分な準備、いや彼らが準備だと考えることを実行するのは、容易なことではありませんでした。しかし、それまでの人生を通じ、その人たちは個性的な考えを持ち、独自の信念を育て、独特の角度からものを見、他にない自分の経験を積んできていたのです。そう考えれば、彼らはスピーチの材料をため込みつつ四十年を過ごしてきたと言えます。ところが、それをなかなかわかってくれない人もいました。木を見て森を見ずという人たちです。

そのグループの集まりは、金曜日の午後五時から七時でした。そんなある金曜日のこと、山の手の銀行に勤めるメンバーの一人（便宜上ジャクソン氏と呼びます）が、もう四時半になっていることに気づきます。さていったい今日は、何について話せばいいのか？　事務所を出た彼は、新聞の売店で経済誌のフォーブス誌を買い、会場になっている連邦準備銀行に向かう地下鉄の中で「成功するまであと十年しかない」と題した記事を読みます。それが特に興味を引いたからではなく、何かしゃべらなければならない、何でもいい自分の持ち時間を埋めなければならないと思ったからです。

一時間後、皆の前に立った彼は、その記事の内容を説得力をもって面白く話そうと試みます。

そしてどうなったか？　避けられなかった結末とは？

彼は、言おうとすることをろくに消化もせず、吸収もしていませんでした。「言おうとする」とはよく言ったものです。確かに彼は言おうとしました。しかし、出口を探し求めても、本物の伝える内容がそこにはなく、しかも全体の仕草、声の調子などを通して、その内容の不在が透けて見えたのです。話し手自身が感じている以上に、聞き手を感動させることなどどうして期待できましょうか。雑誌の記事に言及しては、こう書いてある、ああ書いてあると話し続ける彼。そこには、フォーブス誌は飽き飽きするほど出てくるのに、残念ながらジャクソン氏自身の姿はほとんどまったく見当たりませんでした。

そこで私は彼に、次のように言いました。「ジャクソンさん、私たちは、その記事を書いた誰ともわからない人には興味はありません。その人はここにいないし、会うこともできない。しかし、あなた自身とあなたの考え方には大いに興味があります。誰かが言ったことではなく、あなたが一個人として何を思っているかを話してください。スピーチの中に、もっと自分自身を注ぎ込むのです。どうでしょう、来週も同じ題材でやってみませんか？まずは記事を再読して、その筆者に同意するのかどうかを自問してみてください。賛成ならそれを熟考し、自分の体験に基づいた意見に照らして、具体的に説明していただきましょう。もし反対なら、そう断った上で理由を述べてくださいませんか？　要はその記事を、スピーチをはじめるための単なる出発点にすることです」と。

ジャクソン氏は私の提案を受け入れ、記事を読み直した上で、その筆者には同意できないという結論に達しました。もはや彼は、地下鉄の中で、注文に応じて次のスピーチの準備に励むようなことはしませんでした。話題自体がふくらむのを待ったのです。そうして出来上がったものは、まるで彼の頭脳から生まれた子供でした。ちょうど、血を分けた彼の子供たちがそうしてきたように、成長し、肉づきがよくなり、背丈も伸びていきました。彼の気づかない間に日に日に成長するさまも、彼の娘たちと同じでした。新聞記事に目を通しては、示唆を受け、友人と議論しては、新たな実例が思いがけず頭に浮かぶという具合。空き時間があればいつもそれについて考える。そのたびに内容はより深く高くなり、長く伸び、厚みを増しました。

その次に、同じ題材で話をした時の彼は、独自のもの、言うならば自前の鉱脈から掘り出した鉱石、自前の造幣局で鋳造した貨幣を手にしていたのです。しかも、先の記事に反対の立場を取っていたため、スピーチにはいっそう磨きがかかっていました。多少なりとも反対の立場を取ることほど、人を奮い立たせるものはないのですから。

同じ人が、たった二週間のうちに、しかも同じ題材で行なった二つのスピーチが、これほど際立った対照を見せるとは！　適切な準備をすることで、こんなにも大きな違いが生じるものなのです。

準備のあり方について、もう一つ例を挙げてみましょう。ある紳士がワシントン市でのコースで学んでいました。仮にフリン氏と呼びます。ある日の午後、彼は首都ワシントンを賛美するスピーチをしました。素材は、新聞社発行の観光用パンフレットから、大あわてでその上っ面だけをかき集めたもの。話の中身はその種本《たねほん》さながらに、無味乾燥、支離滅裂、そして未消化でした。彼は、題材について十分考えを深めていなかったのです。また、そもそもこの題材自体、フリン氏の熱意を刺激せず、話すだけの価値があると思うほどには、フリン氏の心を動かしてはいなかったのです。すべては退屈で味気なく、実りのないものでした。

### ◉失敗しようのないスピーチ

ところがそれから二週間後、フリン氏の心を深く揺さぶる事件が起こりました。公設ガレージに駐車してあった彼の車が盗まれたのです。警察に走り、発見者への謝礼金の提供も申し出ましたが、すべて無駄。警察は、この種の犯罪は、自分たちにもほとんど手の施しようがないなどと言います。しかし、それよりわずか一週間前、たまたまチョークを手に街をパトロールしていた警官が、駐車時間を十五分超過したフリン氏に罰金を科したことがあったのです。泥棒もつかまえられないほど忙しいとうそぶく「チョーク警官」に、フリン氏は怒り心頭に発したという次第。今や彼にはどうしても言いたいことが出てきたのです。新聞社発行のパンフレットからの受け売りではなく、自分の生々しい生活体験から躍り出た何かが。そこには、生身の人間の大事な部分――感情や信念をかき立てる何かがありました。ワシントン礼賛のスピーチでは、一節ずつ言葉をしぼり出すようにしていた彼でしたが、今回はただ、立ち上がって口を開けばそれでよかったのです。あとは、警察に対する糾弾の言葉が、噴火するナポリのベスビオ火山のように噴き上がりほとばしるのでした。このようなスピーチは、ほとんど誰がやっても成功します。失敗のしようがないのです。生《なま》の体験と、感じたことを語るのですから。

## ◉準備とはいったい何か

スピーチの準備とは、気の利いた言葉を集めて、それを書きとめたり記憶したりすることでしょうか？　いいえ。では、自分にとって実際はほとんど心に響いてこないような意見の数々を、思いつきで集めることでしょうか？　とんでもない。それは、あなたの思い、あなたの考え、あなたの信念、あなたの望みを、組み立てることなのです。そういう思いや願望を、あなたは持っているのです。目覚めている間は、いつもそれは胸のうちにあり、どうかすると夢の中でさえ、たくさんの思いがうごめいています。存在のすべてが、感情と経験で満ちているとも言えるでしょう。それらは潜在意識の奥深く、海辺の小石のように厚い層をなしているのです。スピーチの準備とは、考えること、さらに深く考えること、思い出すこと、最も心を引かれるものを選び出すこと、それらに磨きをかけて一つのパターンにまとめ、あなたの独自のモザイク模様をつくることです。それほど難しそうではないでしょう。必要なのは、多少の集中力と目的意識を持った思考だけです。

ドワイト・L・ムーディは、宗教史に残るその数々の演説を、どのように準備したのでしょうか？　そう聞かれて、「秘訣などまったくありません」と彼は次のように話しています。

「何か一つの題材を選んだら、まず大きな封筒の表にその題名を書きます。私の手元には、そんな封筒がたくさんあります。どの題材についてであれ、本を読んでいてこれはというものにぶつかったら、それをメモして該当する封筒に入れてそのままにしておきます。また、いつもノートを持ち歩いていて、人の説教の中に、どれかの題材を解明してくれそうなものを耳にしたら、書きとめてそのメモを封筒に入れます。そして、たぶん一年あるいはそれ以上もそのまま放っておくんです。新しい説教の文句が必要になると、ためてあったものを全部引っ張り出してきます。封筒の中身と自分の勉強の成果を合わせれば、それで素材は十分。あとは、こっちを削ってあっちで加えるといった調子で、絶えず自分の説教の原稿に手直しをしていくので、決して内容が古くなることなどありません」

## ◉エール大学神学部長の賢明な助言

エール大学神学部の創立百年祭に、学部長のレイノルズ・ブラウン博士が「説教術」についての連続講義を行ないました。なおこの講義は、ニューヨークのマクミラン社から同名の書籍として出版されています。ブラウン博士は、三分の一世紀にわたり、毎週講義を自ら準備し、一方で説教の準備と実践についての教育にもたずさわってきました。つまり、この問題の権威として、何らかの思慮深い助言を与えるべき立場にあったわけです。その助言は、詩篇第九十一についての講話を用意する牧師であろうと、労働組合で演説しようとしている靴職人であろうと、役立つということではおそらく相手を選ばないでしょう。そこで勝手ながら、ここに博士の言葉を引用させてもらうことにします。

あなたの原稿と題目についてじっくりと考えなさい。熟して反応してくるようになるまでじっくりと。その中の小さな生命の萌芽が育つにつれ、有望な考えが続々孵化《ふか》してくるはずです……。

この過程は長ければ長いほどよく、できれば日曜日の本番に向けて、いよいよ最後の仕上げにかかる土曜日の昼まで中断することなく続けば、ますます結構です。説教の当日まで、一カ月、あるいは六カ月、ひょっとして一年、一つの真実を胸の中で温め続けることができれば、いろいろな新しい考えが次々に芽を出し、生い茂るまでになることを知るでしょう。考えを深めるのは、通りを歩いている時や、列車で数時間を過ごす時、読書に疲れた時かもしれません。

それどころか、夜の間も考え続けるかもしれません。しかし、いくら何でも礼拝や説教を、毎日のようにベッドに持ち込むのはいかがなものか。説教壇は説教をするには理想的ですが、眠りの道連れとしては相応しくありません。そういう私も、真夜中に起き上がって思いついたことを書きとめることがあります。朝までに忘れてしまっては困ると思って……。

話題が決まっていて、目下その材料を集めているという時には、関連して心に浮かんだことは何もかも書きとめるようにしてください。その聖句を選んだ当初の思いはもちろん、今考えることでも結びつくものはすべて……。

考えたことはすべて書きとめる、それも思い出せる範囲の短い言葉で。さらに、次なる考えを探そうとする気持ちを、常に維持することです。まるで、命ある限り他の本では決してお目にかかれないかのように。これこそが、頭脳を生産的なものに鍛える方法です。この方法によって、あなたの思考の過程を常にフレッシュで独創的、そして創造性に富んだものに保ち続けることができるはずです。

誰の手も借りず自分で生み出したこれらの考えは、とにかく全部書きとめておいてください。それは、精神的な成長を助けるということでは、ルビーにもダイヤにも、また山のような純金にもまさるのです。書きとめるのはむしろ、紙切れや古手紙の裏や封筒の切れ端や紙屑など、手近にあるものなら何でもよろしい。大判でおろしたての紙よりも、そういった紙切れなどのほうがあらゆる点で優れています。単に経済的というだけでなく、素材を順序よく整理するには、バラバラの紙のほうが便利でしょうから。

絶えずじっくり考えて、その結果、心に浮かんだことすべてを書きとめる。それを続けてください。何も急ぐ必要はありません。これは、あなたの職業上許された、最も重要な知的作業の一つであり、これこそが、あなたの心を真に創造力のあるものに育て上げる道なのです。

あなたが最上の喜びをもって行なう説教、それを聞いた人々の生活に、まさに最高の善を実現させるような説教は、多くをあなたの内面から汲み上げているはず。あなたの骨と肉そのもの、あなた自身の知的労働の申し子、あなた自身の創造力の賜物です。どこかから持ってきてつなぎ合わせたような説教は、例外なく二番煎じの新味のないにおいがします。生きて、動いて、聞き手の体にしみ入るような、歩き、跳びはね、神をほめたたえるような説教。人の心が鷲《わし》のように羽を広げて舞い上がり、くじけず進むべき道を行く、そんな心に響く説教――こうした真の説教は、まさに話し手の生きる力から生まれてくるものなのです。

## ◉リンカーンはどのように演説の準備をしたか

リンカーンはどうやって演説の準備をしたのでしょうか？　幸いなことに、それはわかっています。以下を読み進むにつれ、先のブラウン学部長の講義の中で、四分の三世紀も前のリンカーンの手法が推奨されていたことに気づくでしょう。彼の名高い演説の一つに、予言的な未来像を述べた例として、『内輪もめしている家は長続きしない』と言うが、今の政府も、半ば奴隷、半ば自由の身という状態では長持ちはしますまい」というものがあります。リンカーンがこのスピーチを思いついたのは、日常の仕事をしている時や、食事中や、街を歩いていたり、納屋で牛の乳しぼりをしている時でした。また、古ぼけた灰色の肩かけをはおり、買い物籠をぶら下げて、肉屋や食料品店に毎日の買い物に出る時でした。そんな時には、彼の幼い息子が、隣でおしゃべりしたり何か尋ねたりしています。子供はそのうち不機嫌になってきて、父親の骨ばった細い指を引っ張って、自分に話しかけるよう仕向けても駄目。リンカーンはゆっくり歩き続けます。何しろスピーチのことで頭がいっぱい、どう見ても子供の存在などすっかり忘れてしまっている、といった様子でした。

この、卵を抱いて孵化させる過程で、時々彼は、いらなくなった封筒や紙切れ、紙袋からちょっとちぎってきたものなど、とにかく手近の紙に、メモや断章、文章を書き散らします。それを帽子の中に放り込み、いよいよという時まで、つまり腰を落ち着けて素材を順序立て、全体を通して書いてはまた書き直し、最後に仕上がって演説や出版の段どりになるまで、そのままにしておくのです。

一八五八年に何回か行なわれた立ち会い演説会の際、相手のダグラス上院議員はどこへ行っても同じスピーチをしたのに対し、リンカーンは、彼の言葉を借りれば、最初のスピーチを繰り返すより毎日新しいスピーチをするほうが楽だと思えるほど、何度も草稿を見直し、書き改めたといいます。こうしてスピーチの題材は彼の心の中で、どこまでも大きく広がっていったというわけです。

ホワイト・ハウス入りの少し前のこと、リンカーンは、憲法と三つの演説原稿の写しをつくり、それだけを参考資料としてたずさえて、スプリングフィールドの、ある商店の二階にある薄汚れてほこりっぽい部屋に閉じこもりました。そこで誰にも邪魔されることなく、就任演説の草稿を書き上げたのです。

では、あの有名なゲティスバーグの演説を、リンカーンはどういうふうに準備したのでしょうか？　残念ながらそれについては、誤った話も伝わっています。しかし、真相は実に魅力的です。次にそれを見てみましょう。

ゲティスバーグの国立戦没者墓地の設立委員会は、開設記念式典を執り行なうことを決めた時、慰霊の言葉の献辞者としてエドワード・エヴァレットを招請しました。エヴァレットはボストンの牧師、ハーバード大学総長、マサチューセッツ州知事、上院議員、駐英公使、国務長官などを歴任し、アメリカでも有数の雄弁家として広く知られた人物でした。式典の日程は当初、一八六三年十月二十三日となっていましたが、エヴァレットはいかにも思慮深く、そんなに急では十分な準備ができないと主張、結局一カ月近く延期させて十一月十九日と決まり、準備の時間も確保されました。その最後の三日間をエヴァレットはゲティスバーグで過ごし、古戦場を視察してそこで起こったことのすべてを肌で感じとりました。これは、まことに卓抜な準備でした。ゲティスバーグの戦いが、これにより、彼にとってきわめて現実味を帯びたものになったからです。

式典への招待状が、議員全員と大統領、並びに閣僚に送られました。返事はほとんどが、丁重な断りでした。ところが、リンカーン大統領からは出席の返事が来て、委員会はびっくり仰天。やはり大統領に演説をお願いすべきなのでしょうか？　もともと、委員会にそのつもりはなかったのです。反対意見も出ました。準備の時間がないだろう。それに、たとえあったとしても、リンカーンはその任に堪えるのか？　確かに奴隷制についての討論や、クーパー・ユニオン大学で行なった有名な演説は見事にやってのけた。しかし、リンカーンによる慰霊の辞など、これまで誰も聞いたことがない。このたびの式典は荘重で厳粛なものだ。危ない橋を渡るわけにはいかない。いや、やはり要請すべきか？　委員たちは迷いに迷いました……。しかし、もしも次のようなことが仮に可能だったとしたら、さらにその千倍も迷ったかもしれません。つまり、未来を透視して、自分たちが今、その能力を疑問視しているこの人物が、当の式典で素晴らしい演説をやってのけること、しかもそれが今日では、およそ人の口から語られた演説の中で最高の部類に属すると広く認められているものだとわかったなら。

式典まであと二週間と迫り、委員会はついにリンカーンに対し「適切なお言葉を二言三言」お願いしたい、と遅ればせの招請を行ないます。そう、本当なのです。「a few appropriate remarks」と、ずばり、そう招請状に書かれていたのです。人もあろうに、アメリカ大統領に向かって！

リンカーンはさっそく準備に取りかかりました。すでに式辞を依頼されているエヴァレットに手紙を出して、この優れた学者が予定している演説草稿の写しを送ってもらいます。その二、三日後、写真撮影のためスタジオに行く時にもエヴァレットの草稿を携行、空いた時間に目を通すという気の入れようでした。それから数日間、彼は自分のスピーチの内容について考えをさらに深めます。ホワイト・ハウスと陸軍省を歩いて行き来する間にも、陸軍省の革張りのソファーに横になって、深夜の報告の入電を待つ間にも。また、大判の紙に草稿のあらすじを書いて、シルクハットの中に入れてそれをかぶって歩きます。絶えず考えを温めるにつれ、スピーチも次第に形をなしていきました。式の直前の日曜日、彼は側近のノア・ブルックスにこう漏らしています。「まだ書き上げたとは言えないよ。ともかくまだ未完成だね。二回三回と書き直してはみたんだが、これでよしとなるにはもうひと磨きしないといけないようだ」と。

彼がゲティスバーグに着いたのは、式典の前夜。この小さな町は、人であふれ返っていました。いつもは一千三百ほどの人口が、突然一万五千にふくれ上がったのです。歩道はふさがって通行不能となり、男も女も舗装されていない道路に繰り出してきました。音楽隊が数組も出て演奏し、群衆は「リパブリック賛歌」を歌っています。リンカーンが食事に招かれているウィルズ氏邸前には人垣ができ、人々はリンカーンのために歌を捧げてはスピーチをせがみます。リンカーンは、二言三言しゃべりはしたものの、話は翌日までとっておきたいことを、いささか不器用にほのめかしました。というのもその晩残った時間で、翌日のスピーチのために「もうひと磨き」する予定だったからです。国務長官のスワードが泊まっている隣家にまで出かけて、その批評をしてもらうためにスピーチを読み上げたりもしました。翌朝も食事が済むと、また「もうひと磨き」に余念なく、それは、パレードの時刻が来たことを知らせるためドアがノックされるまで続いたのです。パレードの時にリンカーンのすぐ後ろに続いたカー大佐によれば、出発当初の彼は馬上でしゃんと背筋を伸ばし、いかにも最高指揮官らしくしていましたが、行列が進むにつれ体は前にのめり、腕はだらりと下がり、頭はお辞儀をする、というありさま。「もの思いにふけっておられるようだった」とか。この期に及んでも、十ほどの不滅の文章からなるその短いスピーチについて、彼が「もうひと磨き」していたとしか考えられません。

リンカーンの数あるスピーチの中でも、題材への関心が表面的にすぎないようなものは、必ず不成功に終わっています。しかし、奴隷制や連邦について語る時、彼には途方もない力が宿るのです。それはなぜか？　彼がその問題について常に考え続け、深く心を動かしていたからにほかなりません。イリノイ州の宿で同室だった連れの人が、翌朝、陽の光で目覚めると、リンカーンがベッドに起き上がってじっと壁を見つめているではありませんか。その時、最初にリンカーンの口から出た言葉が、「今の政府も、そういつまでも長続きはしないだろうね。半ば奴隷で半ば自由の身という状態では」だったとか。

では、キリストはその説教のためにどんな準備をしたのでしょうか？　彼は世間を離れ、考え、さらに考え、深く深く考え続けました。一人で荒野に行き、四十日間というもの昼も夜も瞑想し、断食しました。マタイによる福音書には、「その時から、イエスは説教をはじめた」と書かれています。世界で最も名高いスピーチの一つ「山上の垂訓」が生まれたのは、それから間もなくのことでした。

ここで、あなたの抗議の声が聞こえてきそうです。「大変興味深い話だけど、自分は何も不滅の雄弁家になりたいのではない。ただ、おりにふれて、簡単な話がしたいだけなんだ」と。

もちろんです。あなたの願いは十分承知しています。本書は、あなたやあなたのお仲間がちょっとしたスピーチができるようになる、まさにそのことに的をしぼっているのです。しかし、あなたのしようとするスピーチがどんなにささやかなものであっても、過去の有名な演説家たちの手法から、何かを学ぶこと、またある程度それを応用することは可能なのです。

## ◉どうやってスピーチの準備をするか

実際の題材はどんなものがいいのでしょうか？　あなたに興味のあることなら、何でも結構です。あれもこれも盛り込もうとして、短いスピーチの手に余るという失敗がよく見られます。そんなことのないように気をつけましょう。ある話題について角度を一つか二つにしぼり、十分に論じるようにするのがよろしいと思います。短いスピーチでそれができれば幸運というべきです。

題材は前もって決めておくこと。そうすれば空き時間に考えをめぐらすことができます。七日間熟考し、七晩その夢を見るのです。寝る前、その日の最後に考えるのもそのこと。翌朝ひげをそりながら、入浴しながら考え、街へ向かう道すがら、エレベーターを待ち、昼食の来るのを待ち、約束の時間を待つ間考え、アイロンかけや夕食の支度をしながらも考えるのです。友人とその題材について議論し、雑談の話題にするのです。

その題材について、考え得る限りの質問を自分に問うてみること。たとえば離婚を題材にするつもりなら、こう自問します。離婚の原因は何か？　離婚による経済的、社会的影響は？　どうすればこの不幸な事態を避けられるのか？　何か一定の離婚の法規は必要か？　必要とすれば、それはなぜ？　いや、そもそも離婚法なんて必要なのだろうか？　離婚はできないようにしたほうがいいのか？　もっと離婚しにくい仕組みにすべきか、それとも、しやすいものにすべきか、などなど。

なぜスピーチを学ぶのかを題材にする場合はどうでしょうか？　次のような問いを自分自身に向かって発してみてください。自分の抱える悩みは何か？　スピーチを学ぶことで何を得ようとするのか？　スピーチ経験の有無。経験があるなら、それはいつどこで、またその出来ばえは？　スピーチの訓練がビジネスマンにとって、大切だと思うのはなぜか？　自信と落ち着いた物腰と説得力あるスピーチ能力を備えていて、それゆえにビジネスや政治の世界で頭角を現わしている人々はいないか？　逆に、そうした優れた資質や能力を持ち合わせていないために、たぶん満足できる成功を収めることはあるまいと思われる人についてはどうか、といった具合です。話はあくまで具体的に。個人名を出さずに、そういった人々をめぐるエピソードを話すことです。

聴衆の前で、ふらつくこともなく、頭の混乱もなしに二、三分話を持たせることができれば、はじめのうちはそれで上出来です。なぜスピーチを学ぶかといった題材は、きわめて簡単。このことははっきりしています。自分自身の見聞きしたこと、望んでいること、体験したことを話すのですから、素材を選び、順序立てる時間さえ少し割けば、自分の言おうとすることはしっかり頭に入るはずです。

今度は、ビジネスその他自分の職業について話すことにしたとしましょうか。そんな時は何から手をつければいいのでしょうか？　素材はすでに手持ちが十分ありますから、問題はその選択と配列です。三分間ですべてを話そうなどと、ゆめゆめ思わないことです。それは無理というもので、あまりにも大雑把で断片的になること請け合いです。題材を一つ、しかもその一側面だけを取り上げ、大きくふくらませるのです。たとえば、あなたが今の仕事をするようになったいきさつなどはどうでしょうか？　それは偶然だったのか、選択の結果だったのか。当初の奮闘ぶりや、敗北を喫したこと、将来の希望やこれまでにうまくいったことなども、よい切り口です。人間的な共感を呼ぶ話、直接の体験に基づいた実生活の描写。つまり、およそ誰の人生についてでも、真実の内幕話というものはすべて、それが謙虚な語り口で、聞き手の自尊心を傷つけることがないように話されるのであれば、聞き手を楽しませるものです。スピーチの素材として、ほとんど当たり外れがありません。

　仕事について、もっと別の角度から取り上げるなら、今抱えている問題や、同じ道に入ろうとしている若い人々への助言などはどうでしょうか？

　また、仕事で接する人々のことを話すのも手です。誠実な人、いい加減な人、いろいろでしょう。仕事上の悩みについて話をしてみませんか？　仕事をしていてわかる、世の中で一番面白いこととは、人間の本性ではありませんか？　仕事の話でも、技術や物のこととなると、聞き手の興味はごく簡単に失われます。ところが、話題が人間や人間性などになると、ほとんど失敗しようがないのです。

　最も心すべきは、抽象的な説教口調を避けることです。お説教は退屈です。実例と一般論を積み重ねたおいしそうなケーキ——スピーチはこうでなくてはいけません。見聞きした具体例と、それらの実例から説明できるとあなたが思う原理について、考えを深めるのです。具体例というものは抽象論より、記憶するのも話すのもずっと簡単で、しかもスピーチの進行を助け、そこに輝きを与えもします。

ここに、その実践例があります。B・A・フォーブスという、なかなか興味あるエッセイストによる記事の抜粋で、経営者の権限委譲の必要性について書かれています。数々の実例——いろいろな人々についての噂話にご注目を。

現代の巨大企業の多くは、かつてはワンマン経営であった。しかし今では、その枠を大きく越えてしまっている。どの大組織も「ある個人の長く伸びた影」には違いないが、商工を問わず今では経営規模が巨大化し、いかに有能な人物であっても、周囲に優秀な頭脳を集めて、全体の手綱さばきを助けてもらう必要に迫られているからである。

10セントストアの創始者ウルワースは、以前私に、自分の会社が長年にわたって実質的なワンマン経営であることを話してくれた。その後、彼は健康を害して入院するが、何週間にもわたる入院生活の中で、次のような事実を悟ったのである。つまり、自分の望むように経営を拡大しようとするなら、経営責任の分担が避けられない、と。

アメリカ屈指の鉄鋼会社ベスレヘム・スチールも、長年まぎれもないワンマン経営のもとにあり、チャールズ・M・シュワッブが全権を握っていた。しかし、彼自身が繰り返し公言していたように、やがて彼の部下ユージン・G・グレースが頭角を現わし、シュワッブをしのぐまでになる。

世界的なカメラ・フィルム製造会社のイーストマン・コダック社は、当初ジョージ・イーストマンがワンマン体制を敷いていたが、賢明にも彼は、早い時期に効率の高い組織づくりを行なった。シカゴの各大手缶詰め工場もすべて、創業者の時代に同様の経過をたどってきている。スタンダード石油会社も、世評に反して、大企業へと成長したのちはワンマン経営だった時期はまったくない。

一方J・P・モルガンは超大物だったが、指折りのパートナーを選んで責任を共有するという方針の正しさを確信していた。

いまだに、ワンマン経営をよしとする、野心的な経営者もいないではないが、彼らとて、ほかならぬ近代経営の規模の巨大さそのものによって、否応なく権限委譲を強いられているのである。

自分の仕事をスピーチの題材にする場合、自分に興味あることとしか話さないという、許しがたい誤りを犯す人もあります。話し手は、自分ではなく聞き手を喜ばせるものは何かを、つきとめる努力をすべきではないでしょうか？　聞き手のわがままにつきあうべきでは？　たとえば火災保険のセールスマンだったら、自分の家を火災から守る方法について話し、銀行員なら、融資や投資について助言する必要があるのではないでしょうか？　また、話し手が婦人組織の全国的なリーダーであれば、地元の会員に向かって、誰もが全国的な活動の一端を担っていることを説明する場合、地方の活動計画から具体例を引いてくるべきでしょう。

準備の段階で聞き手となる人々のことを研究してください。彼らが必要とするもの、願っていることについて。それによって、戦いの半分はすでに終わっていることも、時にはあるのです。

ある題材についてスピーチの準備をする時、何冊かの本を読んで、その題材に対するいろいろな人の意見や発言を知ることは、大変参考になります。ただし、あなたの最初の思いを、自ら枯らしてしまうほどには読みすぎないように。これはとても大事なことです。さてそれから、町の図書館に出かけ、館員にあなたの要望を伝えましょう。こんな題材でスピーチを準備していると話すのです。率直に助けを求めましょう。調査に不慣れな人なら、館員が実に頼りになることに、きっとびっくりされることと思います。ずばりその題材を扱った専門書や、今日の諸問題について賛否両論にわたって主要な論点を示し、議論に供するもの。さまざまな問題を取り上げた雑誌記事を、今世紀はじめからリストアップした「定期刊行物リーダーズガイド」。情報年鑑や世界年鑑、各種百科事典、その他何十冊もの参考図書など。それらはすべてあなたの作業場の工具なのです。大いに活用しましょう。

## ◉余力の秘密

アメリカの園芸品種改良家ルーサー・バーバンクは、晩年にこう言っています。「わずか一つ二つの優れた植物の品種を見つけるために、百万もの標本をつくることは珍しくありませんでした。質の落ちる標本は、そのあと廃棄するのです」と。スピーチの準備にも、同様に、たくさん集めた素材の中から何を取るか的確に見分けて、不必要なものを思い切りよく捨てる気概が肝要です。百集めて、九十を捨てるその心意気です。

実際に使える以上に、多くの素材、多くの情報を収集しましょう。自信を増し、話を手応えあるものにするために。また、頭にも心にも全体の話しぶりにも、それはプラスの影響をもたらすはずです。このことは、準備の要素として基本的で重要であるにもかかわらず、場面の公私を問わず、スピーチの話し手にはいつも顧みられずにいるのです。

アーサー・ダンはこう言います。

私は、何百人ものセールスマンやセールスウーマン、勧誘員、宣伝員の訓練にあたってきた。そのほとんどに見られた最大の弱点は、商品についてできる限りの知識を持ち、しかもそれを販売をはじめるまでに自分のものにしておくという、そのことの重要性に気づかない点だった。

大勢のセールスマンが、私のオフィスにやってきたが、彼らは商品の説明を受けセールスの要領がわかると、すぐさま飛び出していって売ろうとするのだ。このような人たちは一週間と続かず、二日ともたない人も数多かった。新発売の食品を販売するセールスマンを教育する時には、私は、彼らを食品の専門家にしようと努力した。アメリカの農務省が発行している、食物中の水分や蛋白質、炭水化物、脂肪、灰分の量を示す、食品標準成分表の勉強や、当の商品の栄養素の研究を義務づけた。また、数日間学校に通って試験に合格することを要求し、仲間を相手に練習させたり、話しぶりの一番優れた者には賞品を出したりもした。

なかには、商品についての勉強を要求されるこの準備段階で、早くもしびれを切らす人もよく見かけた。「こんなことを全部、小売り店側に話す時間なんかとてもありませんよ。向こうは猫の手も借りたいくらいなんです。蛋白質や炭水化物を持ち出しても聞いてくれるはずがない。たとえ聞いたところで、ちんぷんかんぷんじゃないですか」。これが彼らの言い分だった。それに対し私はいつもこう答えた。「勉強した知識はすべて、お客のためではなく、あなた自身のためなんですよ。手がけている商品のことをAからZまで知っていれば、ちょっと口では説明できないような思い入れも心の中に生じてこようというもの。そんな時のあなたの心は、まさに充実し活力がみなぎり、気迫に満ちているに違いありません。この人にはとても逆らえない、勝ち目はないと相手は感じるのではないでしょうか」

スタンダード石油会社所属の著名な歴史家、アイダ・M・ターベル女史から聞いた話ですが、彼女がかつてパリ滞在中、マクルーア誌の創立者S・S・マクルーア氏から、大西洋横断海底ケーブル会社について短い記事を書くよう、依頼の電報がありました。そこで彼女はロンドンに行き、この大ケーブル会社のヨーロッパ担当役員にインタビューをして、委嘱された記事を書くのに十分な資料を得ます。しかし彼女は取材をそこでやめませんでした。さらに詳しい情報を余分に仕込んでおきたいと思ったのです。大英博物館で、展示された電線の全種類について勉強するかと思えば、電線についての歴史の本を次々と読破、そのうえロンドン郊外にある工場に行って、電線の製造工程を見学することさえしたのです。

ターベル女史はなぜ、記事に使える量の十倍にも及ぶ情報を集めたのでしょうか？　それが、自分に余力を与えてくれると思ったからです。実際に記事として読者に紹介できる知識はわずかでも、自分が知っていて表に出さないいろいろな情報は、実際に表に出たわずかなものに迫力を与え、色彩を添える、ということに彼女は気づいていたからです。

エドウィン・ジェイムズ・キャッテルの講演を聞いた人は三千万にものぼりますが、そんな彼が私にこう明かしたのです。講演の帰途、他にもこんなよい話があったのに言い残してしまったと、自分を責めるようでなければ、その講演は失敗だったと思う、と。なぜでしょうか？　長年の経験から彼は、間違いなく聞く値打ちのある話には、持ち時間に話せるものよりはるかにたくさんの材料が、余分にたっぷりと蓄えられていることを知っていたからです。

## ◈まとめ◈

一、話し手が、頭にも心にも本物の伝える内容、話さずにいられないものを持っている時、そのスピーチは成功したも同じである。十分準備されたスピーチは、それだけで九割方完了したと言える。

二、準備とは？　感動もしない文章を書きとめたり、気の利いた文句を丸暗記したりすることだろうか？　断じてノーだ。本当の準備とは、自分自身の中から何かを掘り出すこと、自分自身の思想を集めて組み立てること、自分自身の信念を大切に育てることだ（たとえばニューヨークのジャクソン氏は、フォーブス誌の記事から抜き出してきた他人の考えを、おうむ返しにしているうちはうまくいかなかった。しかし、その記事を自分のスピーチの単なる出発点にした時、すなわち自分自身の考えを十分に練り、独自の例を引いてきた時、スピーチは成功した）。

三、じっと座ったまま、三十分でスピーチをでっち上げようなどと思わないこと。スピーチはステーキのように注文に応じてすぐつくれるというものではなく、自ずから成長すべきものだ。題材を早目に決め、空き時間にそれについて考えを深めよう。寝ても覚めても温め続けよう。友人とそれについて議論し、それを話題にすることだ。また、題材

について ありとあらゆる質問を自分に問いかけること。そして、頭に浮かんだ考えや実例は何もかも、手近の紙切れにメモし、さらに次の考えを求め続ける。考えやヒント、実例などは、何でもない時、入浴中や街へ車を走らせる道すがら、ディナーが運ばれるのを待つ間などにふっと心に浮かぶものだ。これは、あのリンカーンをはじめ、スピーチの達人は誰もが使ってきた方法である。

四、誰にも頼らずしばらく考えを温めたあとは、時間が許せば図書館で題材についての本を読もう。館員に要望を伝えれば、力強い味方になってくれるだろう。

五、実際に使おうと思うものより、はるかにたくさんの素材を集めること。ルーサー・バーバンクのように。彼は、一、二の優れた品種の発見のため、百万もの植物標本をつくることも珍しくなかったとか。百集めて、九十を捨てるということだ。

六、余力を蓄えるためには、実際に使用できるよりはるかに多くの知識を仕入れ、情報を十分蓄積することだ。アーサー・ダンが、新発売の朝食用食品を売るセールスマンの訓練の際に使った方法、アイダ・ターベルが、大西洋ケーブルについての記事を書く準備をした時のやり方を参考にしよう。

# 第3章 有名演説家はどのように準備したか

以前私が、ニューヨーク・ロータリークラブの昼食会に出席した時の話です。そこではある政府高官が、メイン・スピーチを行なうことになっていました。彼の地位は威信を感じさせるに十分であり、出席者は皆そのスピーチを心待ちにしていました。題材は、所管官庁の活動についてということで、ニューヨークのビジネスマンなら誰しも興味をそそられる話題でした。

題材について彼はもちろん何もかも知り尽くしていましたし、持ち合わせた情報量はそこで披露できるものをはるかに超えていました。しかし、彼はスピーチの段どりを考えていなかったのです。素材の選択もせず、話を順序立てることもしていませんでした。にもかかわらず未経験というのは恐ろしいもので、脇目もふらずに突進してしまいます。行く先もわからないまま、気がついたら、もうスピーチをはじめていた、という具合でした。

彼の頭の中も、我々に出してくれる精神的ごちそうも、まさにごちゃ混ぜの一語に尽きました。まずアイスクリームが出て、それからスープが出ました。次は魚とナッツ。そして極めつきは、スープとアイスクリームと上等の燻製ニシンの混ぜ合わせ。さすがの私も、ここまで混乱しきった話し手には、あとにも先にもお目にかかったことがありません。

ぶっつけ本番でやろうとした彼でしたが、今やどうにもならなくなって、ポケットからメモ用紙の束を引っ張り出します。秘書がまとめてくれたんですが、と白状しますが、誰一人その打ち明け話を疑う者もいません。しかもそのメモ用紙にしても、その混乱ぶりといったら、屑鉄を満載した、屋根も囲いもない貨車よりもなお始末が悪いのです。彼は、神経質にあちこち引っかきまわしては、メモ一枚一枚を目を皿のようにして見ます。自分の位置を確かめ、この荒野を抜け出す道を必死に見つけようとしているのです。また、そうしながらも何とか話そうと試みてもみます。しかしそれは無理な相談でした。彼はわびを言い、水を所望し、震える手で一口飲んでは、二、三きれぎれの言葉を発したかと思えば、同じことを繰り返し、またメモの束と首っぴき……。一瞬ごとにますます手も足も出なくなり、取り乱し、うろたえ、身の置きどころをなくしていきます。額には脂汗が浮き出し、それを拭くたびにハンカチがぶるぶる震えます。客席からこの大失態を見ている我々も同情を禁じ得ず、胸は痛み、まるで自分が失敗したような、ばつの悪さにいたたまれない思いです。それでも彼は、思慮分別など何のその、頑固に話を続行します。もがき、メモを調べ、謝り、そして水を飲むのでした。本人以外は皆、見るも無残なその光景が、完全な破局へと一気に近づいていることを感じていました。彼が腰を下ろし、その死闘に終止符を打った時、誰もが内心ほっとしたのです。これほど居心地の悪い客席ははじめてでした。そして、これほど赤っ恥をかいて面目丸つぶれになった話し手も、他に知りません。このスピーチは、ルソーの言う、ラブレターの書き方と、そっくりの道筋をたどったのです。つまり、何を言おうとしているのか知らずに話しはじめ、何を口走ったのかわからないまま終わる、というあれです。

このエピソードの教訓は、まさにイギリスの哲学者ハーバート・スペンサーの次の言葉のとおりです。「知識が整理されていない時、その量が多ければ多いほど思考の混乱は大きくなる一方だ」

まともな人なら、家を建てるのに何の計画もなしにということはあり得ません。ではなぜスピーチの場合は、最低限の話の概要や計画さえ持たないではじめるのでしょうか？

スピーチは目的地を持った航海ですから、海図は欠かせません。目的地も知らずに出港すれば、どこにも行き着けないのが普通でしょう。

世界中の、スピーチを勉強する人々の集まる場所。その入口の上に燃えるような赤い字で、ナポレオンのこの言葉を書いておけたらと思います。「戦術は科学であり、計画され考え抜かれたものでなければ、成功しない」

これは、戦いについてと同様に、スピーチについても真理です。しかし、スピーチをする人々はそれに気づいているでしょうか？　たとえ気づいていたとしても、そのように行動しているでしょうか？　否です。断じて否です。スピーチの多くは、無計画無秩序という点では、魚のシチューよりも多少はましかという程度なのです。

集めた一揃いの素材を、最も効果的で最良の形に構成するには――それは、自分で研究してみてはじめてわかることでしょう。話し手の誰もが、繰り返し自問自答しなければならないことです。常に新しい問題、永遠の疑問なのです。万能の法則などあり得ません。とはいえ、秩序だった構成とは何なのかを、具体例を挙げて簡単に説明することぐらいは、ここでもできそうです。

## ◉ある入賞スピーチの構成

ここに、何年か前に全米不動産協会のメンバーを前にして行なわれた、あるスピーチがあります。いろいろな都市を題材として行なわれた、他の二十七人によるスピーチと競って、第一位に輝いたものです。今、もしコンクールを行なったとしても、やはり優勝疑いなしと思われる立派なスピーチでした。このスピーチは構成が素晴らしく、豊富な事例が、明快に生き生きと、しかも興味深く述べられています。気迫がこもっています。堂々としています。じっくり読んで研究する値打ちのある文章です。

会長、並びにご列席の皆さま。

今を去ること百四十四年前、この偉大なる国アメリカ合衆国は、我がフィラデルフィア市で産声を上げました。そんな歴史を持つ都市ですから、強烈なアメリカ魂を備えているのもきわめて自然なことであり、またそれゆえに、我が国最大の工業中心地であるばかりか、世界でも最も大きく最も美しい都市の一つへと、自らを育んできたのです。

フィラデルフィアは人口二百万近く、面積は、ミルウォーキー、ボストン、パリ、ベルリンの各都市を合わせたものに匹敵します。その市域百三十平方マイルのうち、八千エーカーにもなろうかという最良の土地を、美しい公園や広場、大通りに充てています。つまり、フィラデルフィア市民は、立派なレクリエーションや憩いの場を持ち、良識あるアメリカ人が住むのに相応しい、優れた生活環境に恵まれているというわけです。

しかし皆さん。フィラデルフィアは、大きくて清潔で美しい都市というだけではありません。世界の大工場として、あまねく知られているのです。そう呼ばれるのはなぜかと言いますと、四十万人を上まわる人々が、九千二百カ所の事業所に雇用され、稼働日には、十分ごとに十万ドル相当の製品をつくり出しているからです。またある高名な統計学者によれば、羊毛、皮革、ニット、繊維の各製品、フェルト帽、鉄器類、工具、蓄電池、鋼船、その他多数の品目の生産で、フィラデルフィアと肩を並べる都市は、全国でも皆無とのことです。鉄道用機関車は、昼夜を問わず二時間に一両製造され、路面電車は、アメリカ人の半数以上がフィラデルフィア製に乗っている計算になります。また毎分一千本の葉巻煙草をつくり、百十五の靴下製造工場では昨年、全国の男性、女性、子供一人につき二足の靴下を生産しました。カーペットや敷物類に至っては、イギリスとアイルランドの生産量の合計をしのぐ勢い。このように、我が商工業のすべては事実上、他を圧しており、昨年の銀行手形交換高は三百七十億ドルにのぼって、第一次世界大戦中なら国中の自由公債を購入できるほどでした。

ですが皆さん。目を見張るばかりの工業の発展を非常に誇りとし、全国でも指折りの医学、芸術、教育の中心地であることを心から誇りに思いながらも、私たちにはさらに強く自負するものがあります。それは、世界のどこの都市よりも一戸建て住宅が多いという事実です。フィラデルフィアには三十九万七千の一戸建て家屋があります。各戸の敷地の幅を二十五フィートとして、もしそれを一列に並べたら、その列はフィラデルフィアから、はるばるカンザス・シティーにあるこのコンベンション・ホールを経由して、さらにデンバーまで、一千八百八十一マイルにも及ぶでしょう。

そして皆さんに特に目を向けていただきたいのは、これら多数の家々が、持ち家にせよ借家にせよ、我が町で働く人々の所有であるという事実の重みです。人が、自分の生活基盤とする土地と雨露をしのぐ屋根を自分のものとする時、外国から流入した病気、いわゆる社会主義や共産主義などの元となる、争いごとは起こりようがないのです。

フィラデルフィアは、ヨーロッパ流の無政府主義にとって、肥沃な土壌とは言えないようです。こうした住宅や教育制度、そして巨大な工業力が、我が町で生まれ代々引き継がれてきた、真のアメリカ魂の賜物であるからにほかなりません。フィラデルフィアは、この偉大な国の母なる町、この国の自由のまさに源泉であります。最初の国旗がつくられたのも、最初の議会が開催されたのも、独立宣言が調印されたのもこの町です。我がアメリカにとって最も大切な形見の「自由の鐘」が、多くの男女や子供たちを勇気づけてきたのもこの町なのです。それゆえ我が市民は、自らの聖なる使命を信じます。金の子牛、つまり富を崇拝するのではなく、アメリカの魂を広め、自由の炎を燃やし続けるべき使命を。ここに神の許しは下されて、ワシントンの、リンカーンの、セオドア・ルーズヴェルトの国家は、すべての人類を鼓舞するでしょう。

このスピーチを分析してみましょう。どのように構成され、何が効果的なのかを。第一にここには、はじまりと終わりがあります。これは、他ではあまり見られない、普通考えられる以上に稀有な長所です。行き先を決めて出発しているのです。野ガモが飛ぶように、目的地へ直行します。ぐずぐずして時間を無駄にしたりしません。

また、新鮮で個性的です。冒頭には、自分の町について他の人にはおそらく真似のできない、ある事実を持ってきます。つまり、自分の町はこの国の生誕の地だと切り出すのです。

次に彼は、フィラデルフィアは世界でも有数の、大きく美しい町だと述べます。一般的でありふれた主張です。これだけなら、あまり印象には残らないでしょう。この人もそれはとっくに承知で、続けて町の大きさを視覚化し、聞き手の理解を助けるのです。フィラデルフィアの面積は、「ミルウォーキー、ボストン、パリ、ベルリンの各都市を合わせたものに匹敵します」と。なるほど、これなら明確で具体的です。興味深いし、意外性もあります。しかも印象的です。一ページ分の統計数字よりも、よほど人を納得させるでしょう。

次に彼は、フィラデルフィアは「世界の大工場としてあまねく知られているのです」と断言します。これは、いかにも大げさに聞こえませんか？ まるで宣伝文句のようです。話がこのまま進んだとしたら、誰も納得できなかったでしょう。しかし、彼はそうしません。立ち止まって、フィラデルフィアが世界をリードする製品の数々を列挙していきます。いわく「羊毛、皮革、ニット、繊維の各製品、フェルト帽、鉄器類、工具、蓄電池、鋼船」であると。これならそれほど宣伝臭はないのではありませんか？

「鉄道用機関車は、昼夜を問わず二時間に一両製造され、路面電車は、アメリカ人の半数以上がフィラデルフィア製に乗っている計算」

「へえ、それは知らなかった」と聞くほうは思います。「ひょっとしたら、昨日ダウンタウンに行く時に乗ったのがその中の一両だったかも。明日、うちの町はどこの電車を買っているのか調べてみよう」などと。

「毎分一千本の葉巻……全国の男性、女性、子供一人につき二足の靴下」

聞き手はさらに感心して……「私の愛用の葉巻は、もしかするとフィラデルフィア製かな……今履いている靴下も……」と考えます。

さて、次の一手は何でしょうか？ 最初に出した町の規模の話に戻って、言い忘れたことをつけ足そうとでもいうのでしょうか？　いいえ、とんでもない。彼は、ある話題についてすべて語り終えてもう戻る必要がなくなるまで、そこを離れません。この点は聞き手にとって非常にありがたい。話し手が、夜明けのコウモリのようにむら気で、一つの話題から他へ突進したかと思うとまた戻ったりすることほど、聞くほうを混乱させ、まごつかせるものはないからです。ところが話し手の多くは、まさにそのとおりのことをするのです。話のポイントを1、2、3、4、5という順にたどる代わりに、フットボールのキャプテンがサインを叫ぶように、27、34、19、2とするわけです。いいえ、もっと始末が悪い。27、34、24、19、2、34、19といった調子です。

しかし、この人は違います。彼は、持ち時間中だらけることも、後戻りすることも、左右にそれることもなく、まるで話に出てきた機関車のように、一路前進するのです。

ところが、ここに来てこのスピーチの最大の弱点が表われます。フィラデルフィアは「全国でも指折りの医学、芸術、教育の中心地である」というくだりです。彼はそれだけ言って、すぐ次へと急ぐのです。事実に命を吹き込み、鮮明に描写し、記憶に残すのにわずか十二語とは。全部で六十五の語からなる一つの文章の中で、この数少ない十二語が埋もれて行方不明になっています。何の働きもしていません。当然です。人間の頭は一続きの鋼鉄製の罠のようには作動しないのですから。彼は、この話題についてはほとんど時間をかけず、ごくかいつまんで述べており、自分自身心を動かされていないようにも見えます。そのため、聞くほうへの効果もないに等しいのです。では、どうすればよかったのか。フィラデルフィアが世界の工場だと立証したのと同じ手法を、ここでも使えることを、彼は百も承知でした。しかし同時に、コンテスト中はストップ・ウォッチがついて離れないこと、持ち時間は五分で、一秒の超過も許されないこともわかっていました。つまりこの話題か、でなければどこか他を、軽く流す必要があったのです。

「フィラデルフィアには、世界のどの都市よりも、一戸建て住宅が多い」というのが次の論点です。ここを印象的で説得力を持ったものにするために、どんな手立てが講じられたか。彼はまず、三十九万七千という数字を挙げます。次にそれを視覚化してみせます。「各戸の敷地の幅を二十五フィートとして、もしそれを一列に並べたら、その列はフィラデルフィアから、はるばるカンザス・シティーにあるこのコンベンション・ホールを経由して、さらにデンバーまで、一千八百八十一マイルにも及ぶでしょう」と。

数字のほうは、この話題が終わるまでにたぶん忘れられるでしょうが、目に浮かんだ光景はどうでしょうか？　焼きついて離れないのではないでしょうか。

資料としての、客観的な事実が語られるのはここまでです。しかし、事実というものは、感銘を与える要素とはなり得ません。そこでこの話し手はいよいよ、最高潮へとのぼりつめ、聞き手の琴線に触れ心を動かすという目的へと向かいます。追い込みに入り、感情に訴える素材をぶつけてくるわけです。彼は語りかけます。一戸建て住宅を所有するということが、この町の気風にとってどんな意味があるのかを。そして「外国から流入した病気、いわゆる社会主義や共産主義など」を公然と非難、フィラデルフィアは「この国の自由のまさに源泉」であると絶賛するのです。自由――この魔法の言葉は万感あふれ、そのためなら多くの人が命を投げ出そうというほど、心揺さぶられる言葉です。それだけでも素晴らしいこの言葉を、さらに一千倍も輝かせる方法がありました。彼は、聞き手にとって親しくも侵しがたい、史実や記録の具体例を挙げていったのです……。「最初の国旗がつくられたのも、最初の議会が開催されたのも、独立宣言が調印されたのもこの町です……「自由の鐘」……聖なる使命……アメリカの魂を広め……自由の炎を燃やし続ける……ここに神の許しは下されて、ワシントンの、リンカーンの、セオドア・ルーズヴェルトの国家は、すべての人類を鼓舞するでしょう」。これぞまさしく最高潮です。

スピーチの構成についてはこのくらいにしておきます。構成の点でこのように優れたものでも、話し手の態度が冷めていて人間味や生気に乏しければ、失敗作に堕してせっかくの計画もぶち壊しとなります。しかし、この話し手は、真摯な思いや熱意を込めて、話の内容そのままに語りかけたのでした。このスピーチが第一位となり、シカゴ・カップを手にしたのも当然と言えましょう。

## ◉コンウェル博士のスピーチ構成法

すでに述べたように、話の組み立て方について、万能の法則というものはありません。

設計図や見取り図や海図も、どのスピーチにも当てはまるもの、いや大方には適用できるというものさえないのです。とはいえ、ここに挙げる二、三の方法が生かせる場合もなかにはあるでしょう。ラッセル・H・コンウェル博士、有名な『Acres of Diamonds（山のようなダイヤモンド）』の著者ですが、彼が生前私に語ったところでは、数え切れないほどの彼のスピーチは、以下の大筋に沿って構成したとのこと。

1、事実を述べる。
2、それを出発点として議論する。
3、行動を呼びかける。

次の方法も、多くの人に役立ち、励ましとなっています。

1、問題点を挙げる。
2、その改善案を示す。
3、行動を呼びかける。

またはこれの変形で

1、ここに改革を必要とする状況がある。
2、それについて、これこれのことをしなければならない。
3、だから協力してほしい。

時にはもっと別の角度から

1、興味をそそる。

2、信頼を得る。
3、事実を述べて、聞き手に自分の提案の利点を教える。
4、人を行動させる動機に訴える。

## ◉有名人のスピーチ構成法

元上院議員アルバート・J・ビヴァリッジは、簡潔にして実用的な『The Art of Public Speaking（スピーチの技術）』と題する本を著わしています。この高名な政治家は次のように言います。

「話し手は、自分の題材について熟知していなければならない。それについてありとあらゆる事実を集め、整理し、検討し、咀嚼《そしゃく》するべきである。資料は、題材の一側面だけでなく、別の側面、いや全側面から一つ残らず集めてくる。そして、それらが事実であって、単なる憶測や独断でないことを確認する。たった一つでも、自明のこととしてやりすごしてはならない。

そのためには、すべての事項を調べ実証する。なるほど、これは骨の折れる作業である。しかし、そんな苦労とて何ほどのものだろう、他人に向かって指導し、教授し、助言しようという時に。権威者として人前に立とうという時に。

事実を収集し整理したなら、そこから必然的に導き出される結論を自分の頭で考え出す。

そうすれば、スピーチは独創性と個性を得て、生気を帯び人を動かさずにはおかないものとなろう。話し手自身がそこにいるからだ。あとは、まとまった考えをできるだけ明確に論理的に書き出しておくこと」

言い換えれば、題材について両側面の事実を提示し、次に、それら事実によって明らかになった結論を示すということです。

第二十八代大統領ウッドロー・ウィルソンは、自分のやり方を問われてこう答えています。

「取り上げようと思う話題のリストをつくり、頭の中でそれが自然につながるよう並べていく、つまり骨組みをつくります。次にそれを速記で書き取ります。私は日頃から速記を愛用していますが、おかげで時間がずいぶん節約できます。それからタイプで打ち出しますが、その際、文句を入れ替えたり、文章を直したり、材料をつけ加えたりするのです」

セオドア・ルーズヴェルトの方法は、彼独特のいわばルーズヴェルト流でした。まず事実をすべて掘り起こし、それを検討し、評価し、結果を見定め、自分の結論に達し、揺るぎない自信を得ます。

次に、メモの束を前にして口述に取りかかります。口調は非常に速く、そうすることで、スピーチに勢いや自然さや気迫といったものを与えようというのです。それからタイプによる写しを見直し、修正や挿入や削除など、原稿を朱筆で埋めたあと、もう一度全体を口述します。ルーズヴェルトいわく、「猛烈に努力し、判断力を駆使し、細心の計画を立て、長期にわたる準備作業をすることなしに、何事かを成し遂げることなど私にはとてもできない」と。

口述する時に聞いてもらったり、そのために読み上げたりして、人に批評を頼むこともしばしばでした。とはいえ、話の内容についての議論は断りました。その点についてはすでに彼の気持ちは固まっており、変わりようがなかったからです。何を言うかではなく、いかに言うかを評してほしかったのです。こうして何度も何度も原稿を検討し、削ったり訂正したり書き直したりして出来上がったものが、新聞に掲載されたスピーチです。もちろん彼は、それを暗記したりはしません。その場で当意即妙に語ります。だから実際のスピーチは、印刷された完成品とは、いくらかずれることもよくありました。とはいえ、口述や検討作業は、準備として実に優れていました。話し手を素材や話の構成になじませ、話しぶりを滑らかで確実なものにしたのです。他の方法ではとてもこうはいかなかったでしょう。

イギリスの物理学者オリヴァー・ロッジ卿が、私にこう言っていました。スピーチの口述、それも速いスピードで内容も本番どおりの、つまり実際に聴衆を前にしているかのような口述は、スピーチの準備と練習の方法として素晴らしいものだとわかった、と。

スピーチを学ぶ多くの人が、テープレコーダーに向かって口述し、それを自分の耳で聞くのは、目の前が明るくなるようだと言っています。目の前が明るくなる？　そのとおり。そしてまた目の前が暗くなって、活を入れられることも、残念ながらなきにしもあらずでしょう。どちらにせよ、これは効果抜群の練習法です。ぜひおすすめします。

話そうと思うことを実際に書いてみると、嫌でも頭を使います。考えていることがはっきりし、記憶の中に定着します。また、迷いが最小限になって、話しぶりもよりよくなるでしょう。

ベンジャミン・フランクリンは自伝の中で、自分がいかにして文体を磨き、語彙を増やし、文章の構成法を身につけたかを語っています。彼の伝記は古典ではありますが、大方の古典とは違い、読みやすく十分楽しめます。平易で飾り気のない英語のお手本、と言っても過言ではないでしょう。話し手や書き手になろうという人にとって、読んで面白くためになること請け合いです。ここにその一部を引用しますが、あなたのご感想はいかがでしょうか？

その頃、私は、スペクテイター誌の合本の一部をたまたま見つけた。すでに第三号だったが、私がこの新聞にお目にかかったのはそれがはじめてだった。買ってきて繰り返し読んだが、なかなか楽しい。文章が秀逸で、できることなら真似をしたいものだと思った。そんな思惑で私は、中の数紙を選んで、文章ごとの要旨をメモし、二、三日放置、そのあと原本を見ずにメモだけで新聞を完成させるということをやってみた。各要旨の意味するところをふくらませ、元のとおり過不足なく、思いつく相応しい言葉を使って再現するわけだ。そして我が私家版スペクテイターと本物とをくらべて、自分の文章の欠点を訂正するのである。そうやっていって気づいたのは、語彙が増え、しかもそれをすみやかに思い出して使いこなす力がついたことである。そうした力は、もし私が詩の創作を続けていれば、とっくに手に入れていたかもしれないとは思った。詩をつくる時には、同じ意味でも、文の長短に合わせた長さの違う言葉や、韻を踏むための音の違う言葉を探す機会がたびたびあり、常にさまざまな言葉を求めていなければならない。そのため、多様な語彙が頭にたたき込まれ、使い方もマスターできたのではないかと思われる。そんなこんなで、前記の作業をさらに繰り返していった。時には、要旨の順序をごちゃ混ぜにして数週間置き、最良の順序に何とかして戻すということもやってみた。いかに想念の配列方法を学ぶためである。その後、自分の書いたものと原本を比較すると、欠点も多く訂正もした。だが、取るに足りないものではあったにせよ、幸運にも文体が改善できたと、一人悦に入ることもあった。私はそれに勇気づけられ、いつかは自分も、かなりの作家になれるかもしれないと思うようになる。野心満々だったのである。

## ◉一人でメモと遊ぶ

前章でメモを取ることをすすめましたが、さまざまな考えや事例を書きとめたら、それで一人遊びをしてください。まず、それらを内容ごとに分類します。そうしてできたメモの束は、スピーチの主なポイントとほぼ一致するはずです。次は、各々の細分化です。上等の小麦粒だけ残すよう、籾殻を取り除きます。小麦粒の中にさえ、捨てざるを得ないものもあるでしょう。まともにやっても、集めた材料のごく一部も使えるかどうか、おぼつかないのです。

この選別作業は、スピーチを終えるまで続けねばなりません。たとえ終わっても、あれこれ思い出し、あそこはこう改めておくべきだったなどと考えるのは、大いにありがちなことです。

優れた話し手は語り終えると、自分には四とおりのスピーチがあったのだと気づくものです。一つはかねて用意のもの、第二は実際に話したもの、第三は新聞が載せたもの、そして第四は会場からの帰途、こうすればよかったのにと思うもの——の四とおりです。

## ◉スピーチをする時にメモは必要か

リンカーンは、当意即妙の演説に優れていましたが、ホワイト・ハウス入りを果たしたあとは、たとえ閣僚相手の非公式の会合であっても、あらかじめ注意深く書面に書き記すことなしには、スピーチを行なわなかったそうです。もちろん就任演説は、毎回、読み上げざるを得ませんでした。そうした歴史的な政府文書は、表現が厳密で、即興にまかせるにはあまりにも重大だったのです。しかし、イリノイ州に帰れば、メモさえ使いませんでした。「メモというものは、聞き手を退屈させ、混乱させるのが落ちだ」とは彼の言葉です。

この点、リンカーンに反論しようという人はいないはずです。メモというものは、当の話し手自身の興味さえ半減させないでしょうか？　話し手と聞き手の間にあるべき貴重な出会いや共感を阻害したり、少なくとも水を差すようなことはしないでしょうか？　わざとらしい空気をつくりはしないでしょうか？　またメモがあるために、話し手たるもの当然持っているべき自信と余力が、聞き手に感じ取れないということはないでしょうか？

繰り返しになりますが、準備期間にはメモをしてください。それも、念の入った十分なものを。一人で練習する際、参照するのもかまいません。また聴衆を前にした時も、ポケットに忍ばせていればずっと気持ちが楽になるでしょう。しかしメモは、鉄道の車両に備えられたハンマーやのこぎりや斧のようなもの。緊急時の道具なのです。列車の衝突や転覆、それも死者が出たり大惨事になる恐れのある場合に限って使うものです。

もし何としてもメモがほしいなら、ごく短くまとめて、大き目の一枚の紙に字も大きく書きます。そして会場に早目に着き、それをテーブルに置かれた本の下にでも隠すのです。どうしても見なければならない時にチラッと見るとして、そんな弱みはできるだけ、聞き手の目から隠すようにしてください。

それでもなお、メモを使うほうが賢明だという場合があります。たとえば、初心者がはじめの数回のスピーチの際にひどく神経質になり、不安にさいなまれて、言おうとしていたことが一言も思い出せないような時、放っておけばどうなるか。あっという間に脱線です。細心の注意を払って練習してきたものも、すっかり忘却の彼方。まるで、幹線道路を外れて沼地でもがいているかのようです。そういう人がごく短いメモの二、三枚を手に壇上に上がっていけない理由などあるでしょうか？　赤ん坊でも、歩きはじめは家具につかまるではありませんか。もっとも、それもしばらくの間だけですが……。

## ◉丸暗記は駄目

スピーチを読み上げたり、一言一句覚えようとしたりするのはやめましょう。時間を無駄にし、みじめな結果を招くだけです。ところがこうした警告をしても、現にこのくだりを読んだ人の中にさえ、何人かはそれを試みる人がいるのです。もし丸暗記したとして、いよいよ話をしようという段になって、その人はいったい何を考えるのでしょうか？　伝えたい内容について？　いいえ、原稿の字句を逐一思い出そうとしているだけなのです。前を見ずに、後ろ向きに考えているのです。人間の頭の働きに逆らって……。そんなスピーチは、全体が硬直していて冷ややかで、精彩にも人間味にも欠けることでしょう。お願いですから、そんな無用のことに時間や労力を浪費しないでください。

大事な商談を控えている時、あなたなら、座り込んで、言おうと思うことを逐一覚えたりしますか？　いかがでしょうか？　もちろんしないでしょうね。まずは、話のポイントについてよく考えてはっきりさせ、ちょっとメモをしたり、データに当たったりもするでしょう。そして、「この点とあれを取り上げよう。これこれの理由で、しかじかのことをする必要があると言うつもり……」と自分に言い聞かせます。さらに頭の中で、理由を列挙しては具体例でそれを説明したりもするでしょう。とまあ、こんなところが商談準備の手順ではありませんか？　スピーチの場合も、この同じ常識ある方法を使わない手はないと思うのですが、いかがでしょうか？

## ◉アポマトックスでのグラント将軍

南北戦争当時、敗北したリー将軍が勝者のグラント将軍に、降伏条件を書き出してくれるよう願い出た時、この北軍総司令官は、部下のパーカー将軍を振り返って筆記用具を持ってくるよう命じます。グラント将軍の回想録によれば、「筆を持った時点では、出だしの文句をどう書くべきかまったく頭になかった。ただ、自分の腹づもりだけははっきりしており、それを明快に書き表わしたいと思っていた。だから、間違って書くことなどあり得なかった」とのこと。

グラント将軍、あなたは出だしの文句を知る必要などなかったのです。あなたにはご自分の考えがあり、信念があった。どうしても言いたいこと、明言したい何かがあったのですから。その証拠に、特に意識的に努力しなくても、あなたのいつもの文体が、自然に転がり出てきたではありませんか。同じことが誰にでも言えるのです。嘘だと思ったら、誰かをいきなりなぐり倒してみてください。その人は起き上がったとたん、気づくでしょう。

今の自分の気持ちを表現する言葉は、探すのに苦労はしない、と。
古代ローマの詩人ホラティウスが二千年前に言っています。

言葉ではなく、ただ事実と思想を求めよ。
そうすれば、意図せずとも次々に言葉が湧き上がってこよう。

考えが固まったら、はじめから終わりまで通して練習します。声に出さず胸の中で。やかんの湯が沸くのを見ながら、町を歩きながら、エレベーターを待ちながら。次に室内で一人で暗唱します。大きな声で身ぶりをまじえ、元気よく生き生きと話す練習の反復です。カンタベリーの大司教ノックス・リトル師は、伝導師が本当に心に訴える説教をするには、同じ説教を数回は繰り返すことだ、とよく言っていました。あなたの場合も、少なくともそれだけの練習なしに、本当の内容をスピーチを通じて送り出せるというあてなどあるでしょうか？　練習の際は、目の前に聴衆がいると想像してください。想像力を総動員するのです。そうすれば、いざ本物の聴衆を前にしても、とっくに経験済みだと思えるに違いありません。

## ◉リンカーンが「ひどい怠け者」と農民に思われたわけ

以上のような方法で練習をするなら、あなたは有名な演説家たちの実例に忠実にならうことになるでしょう。イギリスの大政治家ロイド・ジョージは、故郷ウェールズで弁論クラブに参加していた頃、田舎道をぶらついては、木々や垣根の杭を相手に、身ぶり手ぶりでスピーチをしたと言います。

リンカーンは若い頃、往復三、四十マイルもの距離を歩いて、ブレッケンリッジら当時の有名な演説家の話を聞きに行くことがよくありました。帰路はいつも、感動で胸をいっぱいにし、演説家になる決意満々だった彼は、農場に戻るとまわりに農民たちを集め、自分は木の切り株に上がって、スピーチをしたり物語を聞かせたりしたのです。農場主はこれに腹を立て、あのキケロ気どりの田舎者は「ひどい怠け者」だ、あいつの冗談や弁舌は他の連中まで駄目にする、と息巻いたそうです。

イギリスの政治家アスキスは、オックスフォードのユニオン討論クラブの意欲的な活動家として、才能を開花させ、のちには自分でも研究会を組織しました。ウッドロー・ウィルソンも、討論クラブで演説を学びます。ヘンリー・ウォード・ビーチャー師しかり。イギリスの政治家でアメリカの独立を支持した、あの大弁論家バークしかり。アントワネット・ブラックウェルや、婦人参政権運動家ルーシー・ストーンも。また、ノーベル平和賞を受けた政治家エリフ・ルートは、ニューヨークの二十三番街YMCAで文芸研究会の仲間を前に練習したと言います。

こうして有名な演説家の経歴を調べてみると、その全員について一つの共通点が見えてきます。練習です。彼らは練習をしたのです。私たちのコースで最も上達が早いのもまた、一番よく練習する人たちなのです。

そんな時間はとてもないですって？　では、法律家であり名演説家としても知られた、ジョゼフ・チョートがよく使った方法などいかがですか？　通勤電車の中では、邪魔が入らないよう、買ってきた朝刊で顔を隠し、際物《きわもの》のスキャンダルやゴシップ記事を読む代わりに、自分のスピーチについて考えをめぐらし計画を練るというやり方です。

チョウンシー・M・デピューは、鉄道会社会長や上院議員を務めるなど、きわめて多忙な人物でした。しかしそんな中でも、ほとんど毎晩のようにスピーチの練習をしたのです。「仕事に差し障るようなことはしなかった。だからスピーチの準備は、夜遅く仕事から帰ったあとに限られた」と、彼は言っています。

誰でも、一日のうち数時間なら、自由に使えるのではないでしょうか？　病弱だったダーウィンは、そんな時間しか研究に充てることができませんでした。二十四時間のうちたった三時間を有効に使うこと、それが彼を有名にしたのです。

セオドア・ルーズヴェルトが大統領在任中、連続ものの五分間インタビューのために、午前中がまるまるつぶれることがよくありました。しかし彼は、かたわらに本を一冊置いて、仕事の合間のわずかな時間さえ活用したのです。

あなたが超多忙で時間不足を嘆いているなら、アーノルド・ベネットの『How to Live on Twenty-four Hours a Day（二十四時間をいかに生きるべきか）』を読んでみてはいかがでしょうか。それを二十ページほどちぎり取ってズボンのポケットに突っ込み、ちょっとした合間に読むのです。私自身、そうやって二日で読み終えました。この本は、時間の節約法や、同じ一日からより多くの収穫を得るための工夫について教えてくれます。

普段の仕事から離れた、気晴らしや気分転換は欠かせません。スピーチの準備は、それにはうってつけではありませんか。我が家で家族とともに、即席スピーチを楽しむというのも、いいものでしょう。

## ◈まとめ◈

一、「戦術は科学であり、計画され考え抜かれたものでなければ、成功しない」とはナポレオンの言葉。このことは、戦いと同様、スピーチについても真理である。スピーチは航海であり、海図が欠かせない。行き先もわからず出港すれば、どこにも行き着けないのが普通だろう。

二、スピーチの構成や組み立てについて、すべてに当てはまる絶対確実な法則などあり得ない。それぞれのスピーチが特有の問題を抱えているのだ。

三、一つの話題については、それを取り上げた時にすべてを言い尽くし、また戻ったりすることのないように。入賞した「フィラデルフィア」についてのスピーチがよい例だ。夜明けのコウモリのように、目的もなく別の話題に突進したり、また元へ戻ったりというのは感心しない。

四、コンウェル博士の数多いスピーチは、次のような方法のもとに行なわれた。

(a) 事実を述べる。
(b) それを出発点として議論する。
(c) 行動を呼びかける。

五、こんな方法も役に立つのでは？

(a) 問題点を挙げる。
(b) その改善案を示す。
(c) 行動を呼びかける。

六、もう一つ卓抜な方法あり。

(a) 興味をそそる。
(b) 信頼を得る。
(c) 事実を述べる。
(d) 人を行動させる動機に訴える。

七、「その題材について、両面の事実をすべて集め、整理し、検討し、咀嚼するべきである。

それらが事実であることを証明し、そこから必然的に導き出される結論を自分の頭で考え出すこと」。これは元上院議員アルバート・J・ビヴァリッジの助言である。

八、リンカーンは演説を行なうにあたって、数理的正確さを持った手順を経て結論を出した。四十歳になり議会入りしてのち、彼はユークリッドの数理論を研究し、詭弁を見破る目、結論を立証する力を身につけたのである。

九、セオドア・ルーズヴェルトの準備とは？　事実をすべて掘り出し評価したのち、きわめて速いスピードで口述、タイプしたものに手を入れ、最後にもう一度口述するというもの。

十、できれば、スピーチをテープレコーダーに吹き込み、それを聞いてみるとよい。

十一、メモというものは、スピーチに対する話し相手自身の興味を半減させる。阻害すると言ってもよい。読み上げるなどもってのほかだ。原稿を読み上げるスピーチは、聞き手としても、とても耐えられるものではない。

十二、自分のスピーチをよく考え組み立てたら、道を歩きながら声に出さずに練習してみよう。また適当な場所で一人で暗唱し、身ぶりをまじえその気になって、最初から最後まで通しの暗唱を繰り返そう。そこに聴衆がいると思って。この練習をすればするほど、いざ本番という時に余裕が出てくる。

# 第4章

# 記憶力を増進する

著名な心理学者カール・シーショア教授が、こんなことを言っています。「平均的な人間の記憶力は、実際に持って生まれたもののうち、せいぜい一割しか使われていない。あとの九割は、記憶の自然法則に背くことで無駄にされている」

あなたも、こうした平均的な人間の一人でしょうか？　もしそうなら、社会的にもビジネスの上でも不便を抱えて苦闘中なのではないでしょうか？　とすれば本章には関心があるでしょうし、またこれを何回も読み返して損はないはずです。ここではその記憶の自然法則を説明した上で、スピーチをする場合に限らず、ビジネスや社会生活の会話の中でも、それをどう活用すればよいかを示しています。

「記憶の自然法則」といってもきわめて簡単、たった三項目です。いわゆる「記憶システム」はその三つを土台としています。一言で言えば、印象づけ、反復、そして連想です。

記憶するのにまず必要なことは次のとおり。それは、記憶したいと思うものについて、深くて鮮明、そして持続性のある印象を得ることです。そのためには、集中が不可欠です。セオドア・ルーズヴェルトのずば抜けた記憶力には、誰もが感じ入ったものです。その非凡な記憶力の源は、彼の印象の受け止め方が、言うならば、水面に書くのではなく、鋼鉄の表面を引っかくようだったことにあります。彼は、どんなに悪い状況のもとでも集中力を持てるよう、粘り強く練習を重ねて自分を鍛えたのです。一九一二年、ルーズヴェルトの組織した進歩党の党大会会期中のこと。彼の本拠コングレス・ホテルでは、眼下の街路に群衆が押し寄せ、大声を上げては旗を打ち振ったり、「テディー！　テディー！」と大変な騒ぎ。そんなどよめきや楽団の奏でる音楽が聞こえ、政治家たちが行き来しては急ぎの会議や相談が行なわれる、普通の人間なら気が散って当然の状況でした。しかし、ルーズヴェルトは自室の揺り椅子に座って、周囲の喧騒をよそにギリシアの歴史家ヘロドトスを読んでいたのです。ブラジルの原生林を旅した時もそうでした。夕方になってキャンプ地に到着するや、彼は大木の下の乾いたところを見つけて、キャンプ用の椅子とギボンの『ローマ帝国衰亡史』を持ち出します。そしてあっという間に本に没頭してしまって、降りはじめた雨にも、キャンプのざわめきにも、ジャングルの物音にも気づかぬありさまでした。こんなふうですから、読んだものすべてを記憶したとしても、何の不思議もありませんでした。

生き生きと精力的に集中できた五分間は、ぼんやりした頭でぶらぶらしていた数日よりもはるかに生産的です。あのヘンリー・ウォード・ビーチャー師も、「一心不乱の一時間は、無為に過ごした数年間にもまさる」と言っています。ベスレヘム・スチール社の社長として年間百万ドル以上の収益を上げたユージン・グレースの話。「今まで学んだことで何よりも大事なこと、しかも私自身、どんな状況にあっても、いや、あらゆる状況のもとで毎日実行していること。そんなものがもしあるとすれば、それは今取り組んでいる仕事に集中すること、これである」

能力、特に記憶力の秘密の一つはここにあるのです。

## ◉なぜ桜の木に気づかなかったのか

トーマス・エジソンは、助手の二十七名が、彼の経営する電灯工場からニュージャージー州メンロ・パークにある本社工場へと続く一本の小道を、六カ月間毎日利用していたことをある時知ります。一本の桜の木が道沿いに立っていたのですが、そのことを尋ねても誰一人気づいていませんでした。

エジソンは、熱のこもった調子でこう断言したと言います。「普通の人間の頭脳は、その目が見たものの千分の一をもとらえていない。人間の観察力、真の観察力の貧しさはまったく信じがたいほどだ」

ごく平均的な人物に、あなたの友人を二、三人紹介してみてください。二分たったのち、その人物はまず、一人もその名前を思い出せないでしょう。それはなぜか？　最初の段階で、紹介された人に対し十分な注意を払っていない、相手を正確に観察していないからです。彼はおそらくこう言うでしょう。「物覚えが悪くて」と。そうではないのです。足りないのは観察力なのです。霧の中の物体が写らなかったからといって、カメラのせいにしたりはしないでしょうに、自分の頭脳のこととなると、ある程度朦朧《もうろう》とした印象でも記憶にとどめているはずだと考えるわけです。しかし、それはもちろん無理というものです。

ニューヨーク・ワールド紙の創立者ジョゼフ・ピューリッツァーの編集室では、各人の席の頭上に次の三つの言葉を記した札が下がっていました。

正確に

正確に

正確に

そう、これこそ私たちに必要なものです。相手の名前を正確に聞き取ってください。はっきり言ってくれるよう、あるいはもう一度繰り返してくれるよう頼みましょう。綴りを教えてもらうのもいいですね。あなたが関心を示していることを知って相手も気をよくするでしょうし、そうやって集中することで、名前が頭の中にしっかり刻み込まれます。鮮明で正確な印象を得たというわけです。

## ◉リンカーンが音読したわけ

リンカーンは少年時代、村の学校に通っていました。床は丸太を割ってつくり、窓枠には習字手本からちぎってきた光沢紙を貼って、ガラスの代わりに光を通すようにした、そんな学校でした。教科書は一冊きりで、それを教師が読んで聞かせます。生徒たちは先生のあとに続いて唱和するのですが、その騒ぎといったら大変です。だからいつも騒々しく、村人は「おしゃべり学校」と呼んでいました。

その「おしゃべり学校」でリンカーンは、生涯続く習慣を身につけたのです。覚えたいと思うことは何であれ、声に出して読むという習慣です。彼は毎朝、スプリングフィールドの法律事務所に着くや、ソファーに寝そべって、長くて不格好な足を片方そばの椅子に乗せ、新聞を音読するのです。当時のパートナーの話。「彼には参りました。今にも私の堪忍袋の緒が切れそうでした。なぜそんなふうに声に出して読むのか、一度尋ねたことがあります。彼の言い分はこうでした。『声に出して読むと、二つの感覚でつかめるのだよ。まず読んでいる内容を自分の目で見ていること。第二に、それを自分の耳で聞いていること。だから黙読するよりもよく覚えられるよ』」

リンカーンの記憶力は驚くべきものでした。「私の記憶は一片の鋼《はがね》のようだ。引っかき傷をつくるのは難しいが、いったんつくと、容易なことでは消せない」とは彼自身の言葉です。

二つの感覚に訴えるというのは、その引っかき傷をつくるための彼の手段でした。さあ、あなたも真似をしてみませんか。

そしてさらに理想的なのは、見る、聞くだけでなく、触れる、嗅ぐ、味わうという感覚も動員することでしょう。

とはいえ、何よりも見ることが一番です。我々の頭脳は視覚中心にできていて、目からの印象は消えにくいからです。相手の名前はまったく思い出せなくても、顔は覚えているというのはよくある話。目から脳へと続く神経組織の大きさは、耳からのものの二十五倍だと言います。中国のことわざに、「百聞は一見にしかず」というのがあります。

覚えたいと思う人名、電話番号、そしてスピーチのあらすじがあれば、それを書くことです。そしてそれをよく見る。次に目を閉じて、燃えるようなその文字を思い浮かべるのです。

### ◉マーク・トウェインのメモなしスピーチの秘訣

小説家マーク・トウェインは、視覚的な記憶法を編み出してから、長年スピーチの足かせになっていたメモから解放されたそうです。以下は、ハーパーズ・マガジン誌に載った彼の談話です。

年月日というものは、数字からなっているから覚えにくい。数字は見たところ単調で印象的とは言いがたく、手がかりもない。頭の中で映像を結ぶわけでもない。つまりは、視覚にとってとらえどころがないわけだ。ところがこれを絵に変えると、年月日もすぐ頭に入る。絵にして覚えられないものはないと言ってもいい。自分自身で描いたものなら特にそうだ。いや、それこそ重要なポイントかもしれない。あくまで自分で描くことだ。私は、経験から絵の効用に気づいたのだが、それは今から三十年前に、草稿なしで毎晩講演をしていた頃のことだ。頭が混乱しないよう、毎回一枚のメモを頼りにしていた。メモは、文章の最初の部分だけを集めたもので、十一行からなっていた。たとえば、

この地方の気候は——

当時はそれがしきたりで——

しかし、カリフォルニアでは聞いたことがないが——

こんな調子で十一行続くわけだ。これは講演内容の大きな段落ごとの冒頭部分で、話を飛ばさないためのものだった。だが、紙の上ではどれもこれも同じに見え、視覚に訴えるものがない。暗記もするにはしたが、順番がどうしても覚えられない。そこで、私はいつもメモを持って出て、ちょいちょいそれをのぞくということをしなければならなかった。ところが一度、メモを忘れたことがあった。その当日の夜の恐怖がどれほどだったか、とてもわかってもらえないだろう。万一、メモを忘れても困らないよう、何ら

かの策を講じなければ、と私はその時思った。次の夜は、一行ごとの最初のアルファベット十個を正しい順序で暗記し（I、A、Bなどと）、それを手の爪にインクで書いて登壇したのである。しかし、これは失敗だった。しばらくは爪の指示どおりに進んだが、そのうち見失う。それからは、さっき使ったのはどの指だったのかあやふやになってくる。使い終わったらなめて消す、というわけにもいかなかった。それをやれば確かにうまくいっただろうが、同時に聴衆の好奇心をかなりかき立てることも必定だった。そうでなくても、聴衆は私を好奇の目で見ていた。彼らにすれば私は、話の内容よりも手の爪のほうに興味があるように思えたのだ。あとで何人かに、手をどうかされましたか、と聞かれる始末だった。

その時だった、絵にして覚えるというアイディアがひらめいたのは！　それからは私の悩みも吹っ飛んでしまう。二分で描いたペン書きの絵六つは、例の十一行の見出し文の働きを、完璧に果たしてくれた。絵は描き上げてすぐ捨ててしまったが、それは、目を閉じればいつでも浮かんでくるという自信があったからだ。これは四半世紀も昔の話で、講演の内容もとっくに忘れてしまったが、絵を手がかりにすれば復元できると思う。絵だけはいまだに頭に残っているからだ。

以前、記憶力を題材に講演する機会があり、私は、本章で取り上げた素材を中心に、話を進めようと思いました。そこで、要点を絵にして覚えたのです。窓の下で、群衆が騒ぎ、楽隊が音楽を鳴らすのを尻目に、歴史書を読むルーズヴェルトや、桜の木を見上げるエジソン、新聞を音読するリンカーン、そしてマーク・トウェインが聴衆を前に指の爪をなめている姿、そんないくつかの絵を思い浮かべたのです。

では、頭の中に描いた絵の順序はどうやって覚えたか。一、二、三、四、とやったのでしょうか？　いいえ、それでは覚えきれたかどうか。私は番号も絵に変えて、さっきの要点の絵と結びつけたのです。一つ、例をお話ししましょう。one（ワン）は発音がrun（ラン、走る）に似ているので、これを競走馬で表わすことにしました。絵は、ルーズヴェルトが自室で競走馬にまたがって読書しているところです。two（トゥー）にはやはり似た音のzoo（ズー、動物園）を選びました。トーマス・エジソンが動物園の熊の檻《おり》の中に立って桜の木を眺めている図です。three（スリー）にはやはり発音のよく似たtree（ツリー、木）の絵をあてました。木のてっぺんに寝ころがったリンカーンが、パートナーに本を音読して聞かせているところ。four（フォー）では同じく似た音の言葉、door（ドア）を頭に描くことにしました。開け放ったドアの脇柱に寄りかかったマーク・トウェインが、スピーチをしながら爪のインクをなめて消しているところです。

読者の皆さんが、そんな子供だましみたいなやり方なんて、とあきれていることは十分承知しています。確かに馬鹿馬鹿しい。ところが、その馬鹿馬鹿しさに意味があるのです。奇怪なこと、馬鹿げたことほど、記憶に残りやすいからです。数字だけで順序を覚えようとしていたなら、おそらく簡単に忘れていたものが、この方法を使ったために、忘れようにも忘れられませんでした。三番目の話題を思い出したい時は、木のてっぺんには何があるかを考えればいいだけでした。そこにはすぐさまリンカーンの姿が現われたというわけです。

私は、ほとんど自分の便宜のためですが、ここにそれを挙げてみます。1から21までの数字を、似た発音の言葉を選んで絵に変えています。ここにそれを挙げてみます。この絵数字を半時間かけて覚え、全体の復習を一度だけすれば、順番どおり繰り返すことも、好きなように飛ばして、8は何か、14は、3は、などと答えることもできるはずです。

以下が、その絵による番号です。試してみてください。これは確かに面白い、と思われること請け合いです。


1（ワン）ラン（run）―走る。競走馬を思い浮かべる。

2（トゥー）ズー（zoo）―動物園。その熊の檻を想像する。

3（スリー）ツリー（tree）―木。三番目のものが木のてっぺんに寝ている様子。

4（フォー）ドア（door）―ドア、もしくは野生の猪のボア（boar）。その他、似た発音の物や動物なら何でも。

5（ファイブ）ビー・ハイブ（bee hive）―蜜蜂の巣箱。

6（シックス）シック（sick）―病気。赤十字の看護師を思い浮かべる。

7（セブン）ヘブン（heaven）―天国。金で舗装された道、ハープを奏でる天使。

8（エイト）　ゲイト（gate）—門。

9（ナイン）　ワイン（wine）—ワイン。テーブルの上で瓶が倒れて、流れ出たワインが下にある何かの上に降り注いでいる。動きのある絵は、記憶を助ける。

10（テン）　デン（den）—野生動物の棲みか。深い森の中の岩穴にある野生動物の棲みか。

11（イレブン）　イレブン（eleven）—サッカーのイレブン（十一人からなるチーム）が、競技場を疾走している。彼らが高々と掲げているのが、十一番目に思い出したいもの。

12（トゥエルブ）　シェルブ（shelve）—棚。誰かが何かを、棚の後ろに押しやっている図。

13（サーティーン）　ハーティング（hurting）—怪我をする。赤い血が傷口から吹き出し、十三番目に相当するものを赤く染めていく。

14（フォーティーン）　コーティング（courting）—求愛する。カップルが、何かの上に座って抱き合っている。

15（フィフティーン）　リフティング（lifting）—持ち上げる。ボクシングの選手が、何かを頭上高く持ち上げている。

16（シックスティーン）　リッキング（licking）—なぐり合い。二人の男がなぐり合っている。

17（セブンティーン）　レブニング（leavening）—発酵させる。主婦がパン種《だね》をこねながら、十七番目のものをその中に入れ込んでいる。

18（エイティーン）　ウェイティング（waiting）—待つ。深い森の分かれ道で、女が一人誰かを待って立っている。

19（ナインティーン）　パイニング（pining）―やつれる。女が泣いている。その涙が、十九番目のものの上に落ちている。

20（トゥエンティ）　ホーン・オブ・プレンティー（horn of plenty）―「豊饒の角《つの》」。花や果物、トウモロコシであふれている山羊の角。


実際のスピーチで試してみるつもりなら、暗記するのに二、三分もあればいいでしょう。よかったら、あなた独自の絵を描いてみてください。ten（10）にはwren（ミソサザイ）や、fountain pen（万年筆）、hen（雌鶏《めんどり》）、sen-sen（口臭除去剤）など、tenに音が似たものなら何でも。十番目の話題が風車を思い出させるものだったら、雌鶏が風車の上にいる姿、もしくは雌鶏が万年筆にインクをいっぱい詰め込んでいる様子を思い浮かべます。十番目の話題が何だったか尋ねられたら、10という番号はいっさい考えず、ただ雌鶏がどこにいるかを自問します。うまくいくはずないですって？　まあ、物は試しです、やってみてください。やがてあなたは、並外れた記憶力の持ち主として、人を驚かせることになるでしょう。何はともあれ、それだけでも愉快ではありませんか。

### ◉新約聖書ほど大部の書物を暗記するには

世界でも最大規模の大学の一つに、エジプトの首都カイロのアル・アズハル大学があります。イスラム教の学校で、学生数は二万一千。そこの入学試験では、受験者全員にコーランの暗唱が課されます。コーランの長さは新約聖書とほぼ同じで、全文の朗唱には三日かかります。

また中国の学生は、宗教書や古典の暗記が必須とされていました。

アラブや中国の学生たちが、このような驚異的としか言いようのない離れわざをやってのける、その方法はいったい何でしょうか？

反復です。「記憶の自然法則」の第二はこれです。

たとえ気の遠くなるほど膨大なものでも、十分な反復を行なえば記憶は可能なのです。覚えたいと思う知識は繰り返し学んでください。そして、実際に使うこと、応用することです。話の中に新しく覚えた言葉を織り込む。人の名前を覚えたければその人の名前で呼ぶ。スピーチで取り上げたいと思う話題は、会話の中にどんどん取り入れるのです。使ってみた知識は、自分の記憶の中に定着しやすいものです。

## ◉効果的な反復法

とはいえ、むやみやたらに機械的に反復しても効果は薄いでしょう。賢い反復、立証済みの記憶の特性に則った反復、これが必要です。ドイツの心理学者エビングハウス教授の実験を例に挙げてみましょう。彼は学生に、「deyuk」や「qoli」など意味をなさない音節を多数並べたリストを与えて、記憶の実験を行ないました。そこでわかったのは、同じ音節数を記憶するために、反復作業を三日間に割り振った場合は三十八回で済むのに対し、続けて一気に行なった場合は六十八回かかるということでした。同様の結果が、他の実験によってもたびたび得られています。これは、記憶の仕組みについての、きわめて意義深い発見です。最終的に覚え込むまで、休みなく反復を続けるという方法は、適切な間隔をとって反復するよりも、同じ成果を上げるのに、時間もエネルギーも二倍必要という事実が明らかにされたのです。

この記憶の特性（こう呼んでいいものなら）は、次の二つの要因によって説明できます。第一は、反復作業の合間に、意識下で連想の網の目を強化する仕事が忙しく行なわれていること。ウィリアム・ジェイムズ教授がいみじくも語ったように、「私たちは冬場に泳ぎを、夏場にスケートを覚えるもの」なのです。

第二は、間隔をあけると、ぶっ通しの作業による緊張で、脳を疲れさせるようなことがない点です。『アラビアン・ナイト（千夜一夜物語）』の訳者リチャード・バートンは、二十七カ国語を母国語のように操りましたが、そんな彼でもこう打ち明けているのです。「何語であっても、一度にやれる練習は十五分がせいぜいだった。それ以上やると頭脳が新鮮さを失ってしまうからだった」と。

常識ある人間を自負する人なら、こうした事実に逆らってまで、一夜漬けでスピーチを準備しようなどとは、よもや思いますまい。そんなことをすれば、記憶力は、実力の半分しか発揮できないことは目に見えています。

一方、私たちがどのような過程で物事を忘れるかについての発見もあって、大変参考になります。心理学の実験が何度も証明していることですが、取り入れた新しい知識について、私たちは最初の八時間の間に、その後の三十日間よりも多い量を忘れてしまいます。何という比率でしょう！　つまり、仕事上の会議やＰＴＡの会合、クラブの集まりに乗り込む直前に、そしてスピーチをはじめようという直前に、資料にざっと目を通し、事例を思い出して記憶を新たにしておくべきだということなのです。

さすがにリンカーンはこのことの重要性に気づいていて、実際に生かしてもいました。あのゲティスバーグの式典では、彼の演説の前に、博学で知られたエドワード・エヴァレットが登壇しました。エヴァレットの長くて格式ばった式辞が大詰めに近づいたのがわかると、リンカーンは、「前の順番の人が話している時はいつもそうなのだが、目に見えてそわそわしはじめた」のです。急いで眼鏡をかけ直すと、ポケットから原稿を取り出し、記憶を新たにしようとそれを黙読したということです。

### ◉ウィリアム・ジェイムズ教授による記憶力増進の秘訣

記憶の法則のうち最初の二つについては以上のとおりです。第三の法則「連想」は、これを欠いては記憶が成り立たないという重要なもの、いやむしろ、記憶それ自体を説明するといってもいいでしょう。ウィリアム・ジェイムズ教授の賢察を以下に示します。

記憶とは、本来連想のシステムである。たとえば、私がしばらく無言でいたのち、命令口調で「思い出せ！　思い出すんだ！」と言ったとする。あなたの記憶力はその命令に従って、過去の何か特定のイメージを再生するだろうか？　もちろん否である。空を見つめて立ち往生し、「どんなものを思い出せというんですか？」と聞くはずだ。一言で言えば、記憶が機能するには「手がかり」が必要なのである。もし私が、あなたの生年月日とか、今朝の食事のメニューとか、音階の中の一連の音符を思い出せと言ったら、記憶装置は即座に求められた答えをはじき出すだろう。「手がかり」は、記憶装置の巨大な能力を、ある一点に方向づけるのだ。そしてこの過程を調べてみれば、「手がかり」が呼び出された記憶と密接に関わっていることが容易にわかる。「生年月日」という言葉は、特定の日付と深い関係を持ち、「今朝の食事」は、他のすべての呼び出し線を断ち切って、コーヒーとベーコンと卵につながるものだけ残すのである。「音階」という言葉は、これまたドレミファソラシドと深い縁で結ばれているというわけだ。この連想の法則は実際のところ、外部からの刺激で起こる感覚には左右されない、思考過程のすべてを支配している。頭に浮かぶものは何であれ、記憶の中から引き出される必要があり、そしてその引き出し作業は、すでにある何かとの連想を通して行なわれる。これは、意識的に思い出そうとすることや、その他どんな場合であれ、思いつくものすべてに当てはまる。訓練された記憶は、組織的な連想システムの上に成り立っており、その優劣は、システムの二つの特性次第で決まる。一つは連想の持続性であり、二つ目はその数である。つまり「記憶力増進の秘訣」とは、覚えたいと思う事柄との間に、いかに多様にして数多い連想の網の目をつくるかということになる。だが、連想の網の目を張りめぐらすとは、結局、その事柄についてできるだけ深く考えるということに尽きるのではないだろうか。ここに、表面的には同じ経験をしてきた二人がいたとして、記憶力の優劣をくらべるなら、自分の経験について深く思いを致し、そこで得た知識を互いに組織的に組み立てていったほうに、軍配が上がるのである。

### ◉名前の覚え方

まったくそのとおり。しかし、何から手をつければいいのでしょうか？　覚えようとする事柄の意味を知り、それについてじっくり考えること、これです。たとえば、次のような質問を自分に問いかけて答えを出していきます。その手順が、連想関係をつくり上げるうえで役に立つのではないでしょうか。

(a)　なぜそうなのか？

(b)　どういうふうにそうなのか？

(c) いつのことか?
(d) その場所は?
(e) 誰がそう言ったのか?

たとえば、はじめて会った人の名前を覚えようという時は、もしその名前がありふれたものなら、同じ名前の友人と結びつけます。反対に珍しいものだったら、その時にそう相手に言うのです。それがきっかけになって、相手が自分の名前について話してくれることもよくあります。実例を挙げましょう。本章を執筆中に、私はソーター夫人という方を紹介されました。その際、私は名前の綴りを書いてもらい、「珍しいお名前ですね」とつけ加えたのです。「そうでしょう? めったにないんですよ。ギリシア語で『救世主』を意味します」と彼女は答え、さらに、夫君の一族がアテネの出身で、向こうでは政府の要職を占めていたことなどを話してくれました。名前についてなら、相手も気安く話してくれるものですし、おかげでそれがいつも記憶を助けてくれます。

初対面の相手の容貌を、細かく観察してください。目や髪の色に注意し、顔立ちもよく注意して見ます。服装や話しぶりはどうでしょうか? 容姿や人間性について、鮮明で強烈な印象をつかんだら、それを名前と結びつけるのです。次に会った時、こうしたはっきりした印象が記憶によみがえり、ついでに名前も浮かんでくるというわけです。

二度目か三度目に会う人で、その人の職業は記憶にあるが、名前がどうしても思い出せないという経験がきっとあると思います。それはなぜでしょうか? 職種というものは、かなり明確で具体的です。それぞれに意味があって、絆創膏《ばんそうこう》みたいにぴたっと貼りつきます。ところが、これといった意味を持たない名前の方は、急斜面の屋根を霰《あられ》が転げ落ちるようなものです。そこで、名前をしっかり覚えるために、名前と仕事を結びつける語呂合わせ、という手が考えられます。効果はてきめんです。たとえばこんな例があります。互いに初対面の二十人の男性が、先日、フィラデルフィアのペン・アスレティック・クラブで顔を合わせました。促されて一人ずつ名前と職業を自己紹介し、そのつど問題の語呂がひねり出されたのです。その結果、どの人も、二、三分のうちに全員の名前を覚えました。その後、何回も顔を合わせたのですが、のちのちまでこの人たちはそれぞれ名前と職業を互いに決して忘れなかったそうです。各人の名前と職業とが語呂合わせでしっかり結びつき、離れることがなかったからです。

ここにその時のグループのうち、アルファベット順で最初の数名の例を挙げます。語呂合わせは、その時のままです。（ ）の中はそれぞれの職業です。

G・P・オールブレヒト氏（砂利）―砂で磨けばぴかぴか（オール・ブライト　all bright）。

G・W・ベイレス氏（アスファルト）―アスファルトを使って支払いを減らそう（ペイ・レス　pay less）。

H・M・ビドル氏（毛織物）―ビドルさん、毛織物で暇つぶし（ピドル　piddle）。

ギデオン・ボーリック氏（鉱業）―ボーリックさん、鉱山を掘るのが速い（ボア・クイックリー　bore quickly)。

トーマス・デヴリー氏（印刷）—エブリマン（誰もが）、デヴリーの印刷が必要。

O・W・ドゥーリトル氏（自動車）—ドゥー・リトル（do little　あまり仕事をしない）では自動車販売には成功しないよ。

トーマス・フィッシャー氏（石炭）—この人、いつも石炭の注文を得る（フィッシュ　fish）、だからフィッシャーさんだ。

フランク・H・ゴールディー氏（木材）—木材業には黄金（ゴールド　gold）がざっくざく。

J・H・ハンコック氏（サタデー・イブニング・ポスト誌）—サタデー・イブニング・ポスト誌の購読申し込み書にはぜひ「John Hancock」（合衆国の独立宣言に署名した有名な政治家）とサインをしてくださいな。

## ◉年号の覚え方

年号を覚えるのは、すでに記憶に定着している重要な年号と結びつけるのが一番でしょう。たとえば、アメリカ人がスエズ運河の開通した年を覚える場合、単に「一八六九年」と覚えようとするほうが、南北戦争終結の四年後とするよりも、はるかに難しいのではないでしょうか。また、史上最初のオーストラリア入植の年を単に「一七八八年」と覚えようとすると、ゆるんだボルトが車から外れるのと同じで、記憶から抜け落ちる可能性は十分です。しかしそれを、一七七六年七月四日の独立宣言の日と関連させて、その十二年後と考えればずっと頭に入りやすいでしょう。ゆるいボルトをナットで締めつけるようなもの。しっかりと記憶に固定されます。

電話番号も、最初に決める時にこれを念頭に置いて選べば重宝します。私の番号は第一次世界大戦中は、一七七六でした。独立宣言の年と同じなのですぐ覚えてもらえました。電話局から一四九二、一八六一、一八六五、一九一四、一九一八のようなそれぞれ歴史上重要な年と同じ番号をもらえるなら、あなたの友人は電話帳を見る必要がなくなるでしょう。ただし、たとえ一四九二でも、何の説明もなしだと相手も忘れるかもしれません。ですから、こうつけ加えれば頭から離れようがないのではありませんか？「うちの電話番号は覚えやすいですよ。一四九二、つまりコロンブスのアメリカ大陸発見の年なんです」と。

オーストラリアやニュージーランド、カナダの読者は、もちろん、一七七六、一八六一、一八六五に代わる、それぞれのお国の歴史上の重要な年号をお使いください。

次のような年号を一番楽に覚えるには、どうすればいいか、考えてみてください。

(a) 一五六四―シェイクスピア生誕
(b) 一六〇七―イギリスが、ジェイムズタウンにおいてアメリカ入植開始
(c) 一八一九―ヴィクトリア女王生誕
(d) 一八〇七―ロバート・E・リー将軍生誕

(e)　一七八九―バスティーユ牢獄襲撃（フランス革命）

アメリカ合衆国独立時の十三州の名前を、連邦加盟順に覚える場合はどうでしょうか？ただ機械的にそれぞれの名前を繰り返したのでは、うんざりすること請け合いです。しかし、それらを一つの話にまとめれば、時間もあまりかけず苦もなく覚えられるはずです。次の文章を一度だけ読んでみてください。ただし神経を集中して。読み終えた時、十三州の名が正しい順に言えるか言えないか試してみてください。

ある土曜日の午後、デラウェアから来た一人の若いご婦人がペンシルバニア鉄道の切符を買って小旅行に出かけた。鞄にはおニューのジャージー（ニュージャージー）のセーターを詰め込んでジョージアという名の友達をコネティカットに訪ねた。翌朝二人はミサ（英語ではMass、つまりマサチューセッツの略称）に出席、そこはメリーさんの土地（ランド）、つまりメリーランドの教会だった。それから今度は南行きの自動車道路（サウス・カーライン、つまりサウスカロライナ）を通って帰宅。バージニアの焼いてくれた新しいハム（ニュー・ハム＝ニューハンプシャー）で食事。彼女は黒人のコックでニューヨーク出身。食後、二人は北行きの自動車道路（ノース・カー・ラインつまりノースカロライナ）を通って島まで乗って行った（ロード〔ライド〈乗る〉の過去形〕・トゥー・ジ・アイランド、つまりロードアイランド）。

## ◉スピーチの要点を覚えるには

何かを思い出すための手段は二つ、外からの刺激と、すでに頭の中にあるものからの連想です。スピーチの要点の場合に当てはめれば、こうなります。一つは、メモのような外部からの刺激の助けを借りること。といっても、メモを見ながらのスピーチなど、いただけませんね。二つには、記憶にある何かから連想して思い出すこと。ということは、各ポイントを、最初のものが必然的に二番目につながり、二番目が三番目を導く、いわば一つの部屋のドアが次の部屋に通じているように、筋道の通った順序に並べることが必要になってきます。

こう書けば簡単なようですが、恐怖で思考力が麻痺状態にある初心者にとっては、そうは問屋が卸さないでしょう。しかし、いい方法があるのです。簡単にして迅速、しかもほとんど失敗することのない、という方法が。それは、ナンセンスな文章をつくるという方法です。具体的に説明しましょう。各ポイントが文字どおり雑多で、それぞれ何の関連もない、したがって記憶しにくい場合、たとえば、牛、葉巻、ナポレオン、家、宗教と続くような場合を考えてみてください。こんなとんでもない文にしてみたら、それぞれが鎖の輪のように結び合うのではないでしょうか。「牛が葉巻を吸って、ナポレオンを角《つの》で引っかけたら、家が宗教とともに焼け落ちた」

では、右の文章を手で隠して、次の質問に答えてください。第三のポイントは何ですか？

第五は？　第四、第二、そして最初は？

うまくいきましたか？　成功でしょう！　記憶力をよくしようとしているあなたには、ぜひとも試していただきたいのです。

どんなにばらばらな概念でも、今述べたような具合にうまく結びつけることができます。しかも、文章が馬鹿げていればいるほど、簡単に記憶ができてしまうのです。

### ◉万一、立ち往生した時

こんな場面を想像してみてください。周到に準備し、十分な予防措置を講じておいたにもかかわらず、教会のグループを前にしたスピーチ半ばで、頭が急に空っぽになったのに気づきます。絶句したまま先へ進めず、聞き手のほうをただ茫然と見つめるばかりで、背筋も凍るとはまさにこのことでしょうか。とはいえ、何が何だかわからないまま、負け犬のように引き下がるのはプライドが許しません。たった十秒か十五秒の猶予があれば、次のポイント、でなくとも話の中のどこかのポイントが思い出せるのに。しかし、たとえ十五秒でも、聴衆を前にした取り乱した沈黙は、大失態とほとんど変わるところがありません。ではいったいどうすればいいのでしょうか？　ある有名なアメリカ上院議員も、最近同じような状況に陥ったのですが、その時、彼はとっさに、自分の声が小さすぎはしないか、後ろのほうでも聞き取れるかどうかを聴衆に尋ねました。よく聞こえているのは承知の上で。聞こえるかどうかが知りたかったのではなく、時を稼ごうとしたわけです。そしてそのわずかの合間に、彼は次に話そうとする要点を思い出し、無事に話を進めることができたのです。

しかし、こうした心の中の台風とでもいうべき状況に直面した時の一番頼もしい救命具は、何と言ってもこれでしょう。つまり、その直前に言った言葉、あるいは文句、あるいは内容、それを次の話のはじめに持ってくることです。そうすればテニソンの詩の中の小川のように、どこまでも続く話の鎖がつくれるはずです。残念ながら、ほとんど何の目的もないという意味でも、テニソンの小川と同じですが……。このやり方が、実際にどれほど効果があるか見てみましょう。「ビジネスで成功するには」という題材でスピーチをしていた人が、次のように話したあとで記憶の袋小路に迷い込んだとします。「並みの社員が成績を上げられないのは、自分の仕事に対し本当に興味を持つということがほとんどなく、積極性を発揮することも皆無に近いからです」と言った直後のことです。

ここは「積極性」でいきましょう。「積極性」を最初に持ってくるのです。だからといって、自分が何を言おうとしているのか、話をどう締めくくろうとしているのか、おそらく何のあてもないでしょう、でもとにかくはじめるのです。たとえぱっとしない出来ばえでも、完全な敗北よりはましですから。

「積極性とは創造性であり、自分から進んで何かをやることです。いつまでも人の指示を待っていないで……」

これは、特にひらめきのある意見とも言いがたいし、まあ演説史に残るようなものでもないでしょう。それでも、息づまるような沈黙よりはいいと思いませんか？　さて、今度の最後の文句は何でしたか？「指示を待つ」ですね。よろしい、次はこの問題からはじめます。

「何ら創造的思考をしようとしない社員に向かって、休みなく指示を与え指導し激励する、そういう時のいら立ちには想像を絶するものがあります」

さて、一つ目の関門は突破しました。再び突入です。今度は想像力について何か言わなければなりません。

「想像力——これこそ欠くべからざるもの。ソロモンいわく『想像力なきところ、民族は滅ぶ』と」

二つ目も支障なく通過です。気を取り直してさらに続けましょう。

「毎年多くの人々が、ビジネスでの戦いに敗れていくのは、まことに悲しむべきことです。悲しむべきことと申しましたのは、忠誠心と野心と熱意があとほんの少しあれば、彼も彼女も、成功と失敗の境界線を自ら乗り越えることができたのではないか、と思うからです。ところがビジネスに挫折した人は、どうしてもこのことを認めようとしないのです」

……とか何とか、こうした決まり文句を口から出まかせに並べ立てる一方で、用意していたスピーチの次の要点は何だったのか、最初に言おうとしていたことは何か、と必死で考えるのです。

この終わりのない鎖のような思考法もあまり長くやっていると、いつの間にかプラム・プディングの話やカナリアの値段についてしゃべっている、というはめになりかねませんけれど。それでもこれは、一時的な記憶喪失に陥って、いたく傷ついた心にとっては最高の救急手段と言えます。現に今までにも、恐怖で息が止まったり、死にそうになったたくさんのスピーチを、蘇生させるのに一役買ってくれています。

## ◉記憶力を全面的に改善するのは無理

本章では、記憶力を増進する方法、つまり強い印象を得る、反復する、知識と知識を結びつけるという作業を、より効果的に行なうにはどうすればいいのか考えてきました。しかし、記憶は本質的に連想から成り立っており、そのため、ウィリアム・ジェイムズ教授が指摘するように、「記憶力を、全面的あるいは根本からよくするのは不可能であり、改善できるのはただ、連想でつながった一定の範囲に限られる」のです。

たとえば、シェイクスピアからの引用文を、毎日一つずつ覚えていけば、文学的引用文については驚くほど記憶力が増進するかもしれません。日々加わっていく引用文は、記憶の中に、手をつなぐべき仲間をたくさん見つけるでしょうから。しかし、ハムレットからロミオまで何もかも記憶したとしても、それは綿市場や、銑鉄《せんてつ》に含まれた炭素や不純物を酸化させるベッセマー製鋼法の知識を習得しようという人にとっては、必ずしも役に立たないのです。

もう一度言います。本章で考察した原則の数々を活用すれば、何を記憶するにせよ、作業は楽になり、効率もよくなることは確かです。だからといって、野球についてたとえ一千万もの知識を身につけても、株式相場に関していろいろと覚えようという時には、何の助けにもならないでしょう。互いに関連のないデータは、記憶の中で結びつかないからです。「私たちの頭脳というものは、本質的に〝連想の機械〟なのだ」とウィリアム・ジェイムズ教授も言っています。

## ◆まとめ◆

一、著名な心理学者、カール・シーショア教授はこう言っている。「平均的な人間の記憶力は、実際に持って生まれたもののうちせいぜい一割しか使われていない。あとの九割は、記憶の自然法則に背くことで無駄にされている」と。

二、その「記憶の自然法則」とは、印象、反復、連想の三つである。

三、覚えたいと思うものについて、鮮明で深い印象を得ること。そのためには――

(a) 集中する。それがセオドア・ルーズヴェルトの記憶力の秘密だった。

(b) じっくりと観察し、正確な印象をつかむ。霧の中の被写体をカメラは写せない。頭脳も同じで、霧の中のようにぼんやりした印象のものは記憶できない。

(c) できるだけ多種類の感覚を使って印象を得るように努める。リンカーンは、視覚と聴覚の両方を通じて印象を得るために、覚えようと思うものは何でも声に出して読んだ。

(d) なかでも、視覚からの印象を最も大切にすること。目から得た印象は定着するからだ。目から脳へと続く神経組織の大きさは、耳からのものの二十五倍もある。マーク・トウェインは、メモを使っている間はスピーチの要点が頭に入らなかったが、メモをやめて各要点の冒頭を思い出させるような絵を使うようになって、悩みはすべて解消した。

四、記憶の法則の第二は反復である。何千何万ものイスラム教徒の学生が、コーラン（その長さは新約聖書のそれに匹敵する）を暗記している。それを可能にしている最大の要因は、反復のパワーである。どんなものでも反復を十分に行なえば、無理なく記憶できる。ただし、次のことを忘れないように。

(a) 完全に覚えるまで、座り込んでひたすら繰り返すようなことはしないこと。一、二回繰り返したら、いったん打ち切り、しばらくしたらまた繰り返すといった、間隔を開けた反復は、一度に休みなくやるよりも時間が半分で済む。

(b) 記憶したものを忘れる度合いは、最初の八時間とその後の三十日間とが同じだという。だから、スピーチに立つ直前にメモを見直すといい。

五、記憶の法則の第三は連想である。そもそも何かが記憶されるための唯一の方法、それが他の知識と頭の中で結びつくことである。ウィリアム・ジェイムズ教授は言う。「頭に浮かぶものは何であれ、記憶の中から引き出される必要があり、そしてその引き出し作業は、すでにある何かとの連想を通して行なわれる。……自分の経験について深く考え、それらの経験をきわめて統合的な相互関係へと組み立てていく。それができる人こそ最も優れた記憶力を持つ人だ」

六、新しく得た知識を、すでに記憶にあるものと関連づけたいと思ったら、それについてあらゆる角度から考えること。こんな質問をしてみるといい。なぜそうなのか？　どんなふうにそうなのか？　それはいつのことか？　場所はどこか？　誰がそう言ったのか？

七、初対面の人の名前を覚えるには、綴りなど名前についていろいろその人に尋ねることだ。相手の容貌を細かく観察し、顔と名前を結びつけるように工夫をしてみる。その人の職業も聞いて、名前と関連させた語呂合わせをつくってみよう。「ペン・アスレティック・クラブ」での実例を参考に。

八、年号を覚えるには、すでに自分の記憶にある重要な年号と関連づけるといい。たとえば、シェイクスピア生誕三百年祭が行なわれたのは、アメリカの南北戦争中のことだった、というように。

九、スピーチの要点を覚えるには、それぞれを、一つの要点が必然的に次へと導くような論理的な順序に並べること。また、各要点をつなげて、ナンセンスな文章をつくるのも手である。たとえば、「牛が葉巻を吸って、ナポレオンを角で引っかけたら、家が宗教とともに焼け落ちた」というふうに。

十、あらゆる予防措置を講じたのに、もしも自分が何を言おうとしていたのか突然忘れてしまったら、その直前に話した文章の中の最後の文句を、次の文章の頭に持ってくるといい。完全な敗北だけは何とか免れるだろう。そうやって、予定していた要点が思い出せるまで、その応急措置を続けるのだ。

# 第5章 スピーチの成功に欠かせないもの

私がこの文章を書いている今日、一月五日は、アーネスト・シャクルトン卿の命日に当たります。彼が亡くなったのは、何度目かの南極探険のため、「クエスト号」（Quest＝探求）という立派な船で南へと航海中のことでした。「クエスト号」に乗り込む人がまず目に止めたのが、真鍮の板に彫られた次のような詩でした。

夢を持ちながら、夢のしもべになることなく
思想を持ちながら、思想に振りまわされず
勝利しておごらず、災いに臆することないなら
君の心を、神経を、体力を鍛えて

まさかの時に備えるなら
「頑張れ」と呼びかける、意志以外のすべてを失っても
なお踏みとどまることができるなら

もし容赦なき一分の流れを
長距離走の充実の六十秒で満たせるなら
大地は、そしてそこにあるものすべては、もう君のものだ
そして何よりも君は大人になったのだ、息子よ

「クエスト号の魂」――シャクルトンはこの詩をこう呼んでいました。南極点や、スピーチでの自信獲得を目指して船出する人に、実に相応しい言葉ではありませんか。

しかし残念ながら、スピーチを学ぼうという人すべてが、このような魂を持っているとは限りません。何年か前、はじめて教育の仕事にたずさわった時、私は本当に驚きました。各種の夜間学校に通う生徒のうち、道半ばで嫌気がさしたりくじけたりする者の何と多いことかと。その数の多さには、あきれるやら嘆くやら。悲しむべきは、人間の本性ということでしょうか。

さて、本書もそろそろ折り返し点に差しかかりました。読者の中にはすでに、気落ちしかけている人があるだろうことは、私の経験からも察せられます。もう半分も読んだのに

人前での恐怖感は少しも克服できず、自信が得られたとも思えないからです。何と残念なことでしょう。「哀れむべきは辛抱のない人々。どんな傷だって、そう目に見えて治るものではない」と言うではありませんか。

### ◉根気が肝心

フランス語、あるいはゴルフ、またはスピーチなど、何でも習いはじめは、絶え間なく進歩し続けるというものではありません。だんだんにうまくなるわけではないのです。急発進、急成長がつきものです。ところが、その後はぱったり動きが止まり、場合によっては後退したり、すでに獲得したものを失うことさえあります。こうした停滞期もしくは後退期は、心理学の研究によってよく知られており、学問上は「学習曲線におけるプラトー(平坦部)」と名づけています。スピーチを学ぶ場合も、時には数週間にわたり、このプラトーの一つで足止めを食うことがあります。そんな時は、どんなに努力してもそこから抜けられません。気の弱い人は、がっくりして途中で投げ出してしまいます。ところが、へこたれずに続けた人は、何がどうなったのかわからないまま、自分が一夜にして飛躍的進歩を遂げていることに気づくのです。飛行機のようにプラトーから離陸したというわけです。ある日突然にこつをつかんだのです。まったく前触れなしに、その人のスピーチが自然で力強く自信にあふれたものになったのです。

この本の他の箇所でも触れましたが、聴衆に向かった最初の数分間には、一時的な恐怖、何らかのショックや不安が常につきまとうことでしょう。しかし、努力を続けさえすればやがて、その最初の恐怖以外の心配は、何もかも一掃できます。そして、最初の恐怖はあくまで最初の恐怖であり、それ以上のものではなくなるはずです。しばらくしゃべればあとはもう足が地につき、それから先はむしろ心楽しくスピーチを続けていけることでしょう。

## ◉ひたすら取り組む

ある時、法律の勉強を志す若者が、リンカーンに手紙で助言を請うてきました。リンカーンは、「弁護士になるという断固とした決意があるなら、事はもう半分済んだようなもの……きっと成功させるという決意こそ何よりも大事だということを、常に念頭に置きなさい」と答えたと言います。

リンカーンは知っていました。それを身をもって経験していたのです。生涯を通じ彼が学校教育を受けたのは、合わせてもせいぜい一年。読書ですか？　それはもう、家から五十マイル四方にある本は片っ端から借り歩いたほどでした。彼の小屋では、いつも一晩中、薪《まき》の火が燃やされ、時にはその光を頼りに読書したといいます。リンカーンはよく、壁の丸太の隙間に読みかけの本を突っ込んでおきました。夜が明けて読める明るさになったかと思うと、木の葉のベッドの上でごそごそと起き出し、眠い目をこすりながら本を抜き出しては、むさぼるように読みはじめるのでした。

彼はまた、二、三十マイルの距離を歩いて演説を聞きに行く、ということもしました。帰ってくると、農場や森の中、あるいはジェントリービルの町にある雑貨店ジョーンズに集まった群衆の前など、あちこちでスピーチの練習をしたそうです。ニューセーラムやスプリングフィールドの町では、文芸や弁論の同好会に入り、今のあなたと同じように、時の話題を題材に、スピーチの練習に精を出したのです。

ある種の劣等感がいつも彼を悩ませていました。特に女性の前では、内気で無口でした。メアリー・トッドに思いを寄せていた時も、喫茶店の椅子に腰かけ、はにかんで黙りこくったままで、言うべき言葉が見つからず、彼女が一人でしゃべるのを聞いていたそうです。ところがこのはにかみ屋こそが、練習と独学によって、練達の雄弁家ダグラス上院議員と渡りあうほどの演説家となる人なのです。あのゲティスバーグで、また二度目の就任演説で、演説史上まれに見る高みへとのぼりつめた人なのです。

リンカーンが背負っていた大きな困難や、涙ぐましい苦闘を思えば、「弁護士になるという断固とした決意があるなら、事はもう半分済んだようなものだ」という言葉も、驚くに当たりません。

大統領執務室には、かつてリンカーンの立派な肖像画が飾られていました。セオドア・ルーズヴェルトは言っています。「何か決断を要すること、込み入っていて処理に悩むようなこと、権利や利害の衝突がからむ問題があると、私はよくこのリンカーンの肖像画を見上げたものでした。リンカーンを自分の立場に置いてみて、彼ならこういう状況ではどうしただろうか考えるのです。奇妙に聞こえるでしょうが、正直言って、そうすることで問題解決がより簡単になるように思えたのです」

ルーズヴェルトにならわない手はないでしょう。落ち込んで、スピーチ上達への戦いをあきらめようかと思った時、リンカーンの肖像画が印刷された五ドル札をポケットから引っ張り出し、こんな時彼ならどうしただろうと自問する。名案ではないですか。彼ならどうするか、実際にどうしてきたか。もうおわかりですね。上院議員選挙で、スティーヴン・A・ダグラスに敗れた時、リンカーンはこう言って支持者たちを諭したそうです。「一度の敗北はおろか、百度の敗北にもあきらめてはいけない」と。

## ◉努力は必ず報われる

再びハーバード大学の著名な心理学者、ウィリアム・ジェイムズ教授の言葉を引用します。この言葉を心に刻み込むまで一週間、来る日も来る日も朝食のテーブルの上にこのページを開いてこの本を立てかけておく。それをあなたに実行させることができたらどんなにいいだろうか、と切に思います。

若い人たちに、勉強の成果について思い悩むようなことはさせてはいけない。それがどんな分野であろうと。学習日の一時間一時間を誠実に励むなら、成果など自ずから出てくるというものだ。ある爽やかな朝、目覚めると、同世代の仲間の中でも有数の存在になっている自分に気づく。そんな日が絶対確実にやってくるのだ。自分の選んだ目標が何であるかを問わず……。

高名なジェイムズ教授の言葉に力を得て、私もこれだけはぜひ言っておきたいのです。つまり、スピーチの独習の場合も、誠実に熱意を持って、しかもあくまで科学的な練習法に従って進めるなら、ある晴れた朝、目覚めると、自分が町や地域で指折りのスピーチ名人になっている。そんな夢がかなう日がきっと来るということを確信していいと。

今は、どれほど夢のような話に聞こえようと、これは一般原則としては真理なのです。もちろん例外はあります。知能や人格に問題のある人、話すべきものを持たない人は、地元のダニエル・ウェブスター（雄弁家）に成長する見込みはないでしょう。しかし、一般論としてこの主張は正しいのです。

具体例で説明しましょう。

ニュージャージー州のストーク元知事が、州都トレントン市で行なわれたパブリック・スピーキング・コースの修了パーティーに出席。その時の彼の感想は、「今夜皆さんから聞かせてもらったスピーチは、首都ワシントンの上院、下院での演説にも匹敵する出来ばえだった」というものでした。それらのスピーチを行なったのは、ほかでもない、数カ月前までは人前が怖くて口も利けなかったような人たちでした。彼らは何も、古代ギリシアの雄弁家キケロの卵といった特別な存在ではなく、ニュージャージー州の普通のビジネスマン、つまりアメリカのどんな町でも見かける典型的なビジネスマンだったのです。ところが、そんな人々がある朝、目覚めると、町でも有数の演説家になっていたというわけです。

あなたが演説家として成功するかどうか、その鍵を握っているのはただ二点——生まれながら持っている能力、そして成功したいという願望の深さと強さです。ジェイムズ教授の言葉。「どんな分野でも、人を支えるのは情熱である。そこで成功することを心から望むだけで、それを手にしたのも同然なのだ。金持ちになりたいと望めば、金持ちになれるだろう。博学になりたいと願えば、博学になれる。善い人になりたいと思えば、そうなれるのである。ただ、その望みは本物でなければならず、あくまでそれだけを一途に求めること。二兎も三兎も追わないことだ」。さらに、ジェイムズ教授はこうつけ加えたかもしれません。同じ真実味を込めて。「自信ある話し手になりたいと望むなら、なれるだろう。ただし、その願いが本物であれば」と。

私は、文字どおり何千人という男女が、スピーチをする自信と能力を得ようと努力していることをこれまでよく知っていましたし、その様子を間近で観察してもきました。そんな私から見てスピーチ上達に成功したのはどんな人かというと、ごくわずかには非凡な才能に恵まれたケースもありましたが、ほとんどはどこの町でも見かけるような普通の人たちでした。ただし、彼らはいずれも努力の人でした。頭の切れるタイプは、かえってやる気をなくしたり、金儲けに深入りしすぎたりして、話し手としては大成しません。平凡でも、根気と一途な目的意識を持った人々が、結局は頂点をきわめてきたのです。

これは、ただただ人間的で、自然なことです。どんな職業にたずさわっている場合でも、よくあることではないでしょうか。あの大富豪、先代のロックフェラー氏も、ビジネスで成功するために一番大切なことは根気だ、と言っています。スピーチでも同じでしょう。

第一次世界大戦中、連合軍の総司令官だったフランスのフォッシュ元帥は、史上最大の部隊を勝利へ導いた人ですが、彼も、自分のただ一つの取り柄は、決して希望を捨てないことだった、と言い切っています。

一九一四年、フランス軍がマルヌ川まで後退したあと、総司令官ジョッフルは、二百万の兵士を指揮する配下の将軍たちに、退却の中止と攻撃開始を指示しました。この新たな戦闘は、世界史の流れを決めたものの一つであり、二日間にわたる激戦となりました。その時、ジョッフルの軍隊の中央を指揮していたフォッシュ将軍が、ジョッフルに宛てた伝言は、軍事史上でもひときわ印象的です。「我が中央は敗北し、右翼も後退。願ってもない状況にあり。これより、攻撃を開始する」

まさにこの攻撃が、パリを救ったのです。

戦況が最悪で望みもまったく絶たれたと思われる時、中央は崩れ右翼も後退中、という

そんな時こそ、まさに「願ってもない状況」なのです。攻めて攻めて攻めまくる、それが

あなたの中の最も大切なものを救ってくれるのです。あなたの勇気と信念を。

## ◉ワイルダー・カイザー峰の頂上を目指して

何年も前の夏のこと。私は、オーストリア・アルプスのワイルダー・カイザーという山の頂上を目指していました。旅行案内書『ベデカー』によれば、この山の登頂は難しく、アマチュア登山家の場合はガイドが不可欠とのこと。しかし、友人と私はガイドはいっさいなし、しかも二人ともまぎれもないアマチュアでした。他の人からは、それで頂上まで行けると思っているのかと聞かれましたが、我々は「もちろん」と答えたのです。

「なぜそんな自信があるのですか」と問い返されました。

私は、「今までにもガイドなしでやり遂げた人もいますから、そんな無茶なことではありませんし、何事も失敗することを考えてはやらない主義でして」と返事したのです。

登山家としての私は、へまな初心者以外の何者でもありません。しかしこの心がけについては、スピーチ上達からエベレスト登頂まで、何を目指すにも当てはまるのではないかと思います。

成功を思うことです。完璧に自己コントロールしてスピーチをしている自分の姿を、頭の中に思い描くのです。

頭の中で思うだけなら、そう難しくはないでしょう。自分は成功する、と信じるのです。

固く信じたら、今度は、成功するのに必要な行動を起こすことになるでしょう。

南北戦争中のこと、デュポン提督は、なぜ自分の艦隊をチャールストン港に入港させなかったか、もっともな理由を次から次へと並べ立てていました。その独演会にじっと耳を傾けていたファラガット提督は、そのあとでこう言いました。「だが、君の挙げていない理由がもう一つある」と。「何でしょうか？」デュポン提督が尋ねます。「それが可能だ、と君自身が信じていなかったからだ」。これが返事でした。

パブリック・スピーキング・コースでの訓練を通じて獲得できる、最も価値あるもの。それは自信が増すこと、つまり自分の力への信任が厚くなることです。それにしても、どんなことにせよ、自分がやろうとする物事に成功するために、これ以上大切なものが他にあるでしょうか？

### ◉勝利への意志

著名な雑誌編集者、エルバート・ハバードからの、思慮に富んだ助言を紹介します。私としては、ぜひ引用せずにいられなかったものです。ごく普通の人でも、ここにある知恵を取り入れ、応用するだけで、もっと幸せにもっと豊かになれるはずです。

外へ出る時にはいつも、あごをぐっと引いて頭を高く上げ、大きく深呼吸すること。

太陽の光を全身で受けとめ、友達に会えばにこやかに、心をこめた握手をする。誤解されるのを恐れたり、敵のことを思いわずらって、一分でも無駄にしないこと。こうしたいという目標をしっかり心にとどめれば、あれこれ迷うことなく、あなたはそれに向かってまっすぐ進んでいく。こうなりたいという輝かしい理想を胸に抱き続けること。そうすれば日がたつにつれ、目標達成に必要なチャンスを無意識のうちにものにしているだろう。ちょうど、珊瑚虫が流れ去る潮から自分に必要な養分を摂取するように。あなたがそうなりたいと願っている、有能で熱意あり役に立つ人物を頭の中に思い描くこと。その思いが、目指す人物へ刻々とあなたを変身させていく。……思い、これこそ至高のものだ。いつも正しい心的態度を持つこと。勇気と率直さと朗らかさを忘れないように。正しい考え方をするとは、何かをつくり出すこと。すべては願望を通じて実現し、誠実な祈りは必ず応えられる。私たちは自分の心に思い定めたような人間に自然になっていくのだ。あごをぐっと引いて頭を高く上げよう。私たちは、神々になる前の準備段階なのだから。

ナポレオン、ウェリントン、リー、グラント、フォッシュ――すべての偉大な軍人たちは、勝とうという意志と、必ず勝てるという自信を持つことが、軍隊にとって何よりも勝利への大きな鍵となることを知っていました。

フォッシュ元帥は言っています。「敗北した九万の兵士が、勝利した同じく九万の兵士の前を退却していく。それはただ、前者が戦いに飽き飽きしたからであり、もはや味方の勝利を信じず士気を失ったからである。ついに精根尽き果てたのだ」

言い換えれば、退却する九万の兵士は肉体的な損傷を負ったからではなく、精神的に打ち負かされ、勇気と自信を失ったから屈服したのです。こういう軍隊に見込みはありません。そして、こういう人間にも希望は持てないのです。

かつてアメリカ海軍の従軍牧師として指導的な立場にあったフレーザー師が、第一次世界大戦時、従軍牧師に志願した人々を面接した時のこと。この仕事に欠かせない資質は何かと問われて、四つのG、GRACE（気品）、GUMPTION（積極性）、GRIT（気概）、GUTS（根性）を挙げたそうです。

スピーチで成功するにも、この四つは必須条件です。これをぜひあなたのモットーにしてください。そして、次に掲げるカナダの作家ロバート・サーヴィスの詩を、あなたの戦いの歌としてお受けください。

荒野で道に迷って、子供のようにおびえ、そして
死がじっと君を見すえている。
君の心は腫れ物のように痛み、定石どおり
ピストルの引き金が引かれて……死ぬ。
だが、人の掟は言う「力尽きるまで戦え」と。

自滅は許されぬ。
飢えと苦悩の中、死ぬのはいとも簡単。
難しいのは、毎日供される朝食のように日常的な地獄の苦しみとの戦いだ。

君はこのゲームに飽き飽きしている！　「ああ、何という不甲斐なさだ」
君は若く、勇敢で、利発なのだ。
「不当な仕打ちを受けた！」と君は言う。
わかっている。だが、泣き言は言うな。
元気を出して精一杯やる、そして戦うんだ。
くじけずやり抜くことが勝利を呼ぶだろう。
臆病者にはなるなよ、君。
ただ勇気を奮い起こせ、あきらめるのはあまりにもたやすい。
難しいのは、気を落とさず頑張ることだ。

負けたと泣き叫び、そして死ぬ。それはたやすい。
尻込みし卑屈になるのもまた簡単だ。
だが、戦うこと、望みを失っても戦い抜くこと、
それこそ最高のゲームではないのか。

たとえ血みどろの戦いで、
何もかも破壊され打ち砕かれ、傷だらけになっても、
もう一度、戦いを挑んでみよう――死ぬのは何でもない。
難しいのは生き続けることだ。

## ◆まとめ◆

一、ゴルフ、フランス語、スピーチ――何を習うにしても、進歩は漸進的なものではない。急発進と、急上昇の繰り返しだ。しかし、次の数週間は足踏みを強いられたり、すでに獲得していたものを失うことさえある。心理学者はこの停滞期を、「学習曲線におけるプラトー（平坦部）」と呼んでいる。この「プラトー」が続く間は、長い期間努力を重ねても、そこを抜け出して再び上昇することはなかなかできない。こうした不思議な事実を知らずに、この段階で気力をなくし、何もかも放り出してしまう人もいる。実に惜しいことだ。粘り強く練習を続けたなら、いつの日か、飛行機のようにそこを飛び立ち、一夜にして長足の進歩を遂げた自分にある日突然気づいたに違いないからだ。

二、スピーチの直前には、何らかの不安から逃れることはできない。しかし、努力を続ければ、やがてその最初の恐怖以外の心配は、何もかも消し去ってしまえる。話しはじめて数秒もすれば、その最初の恐怖さえ消えてしまうだろう。

三、ウィリアム・ジェイムズ教授が、こう指摘している。学習の成果について思い悩む必要はない、懸命に努力するなら、「ある爽やかな朝、目覚めると、同世代の仲間の中でも有数の存在になっている自分に気づく。そんな日が絶対確実にやってくるのだ。自分の選んだ目標が何であるかを問わず」と。この高名なハーバードの賢人が言明する心理学上の真理は、あなた自身にも、あなたのスピーチ学習への努力にも当てはまる。そこには、疑問の余地もない。スピーチの学習で成功を収めてきたのも、例外を除けば、特別な才能に恵まれた人々ではなかった。しかし、彼らには、根気と不屈の決意があった。彼らは、粘り強く続け、そして目標に到達したのである。

四、スピーチに上達した自分の姿を思い浮かべること。そうすれば、そこに到達するために必要なことに取り組んでいくことだろう。

五、意気消沈した時は、セオドア・ルーズヴェルトの流儀にならってみよう。リンカーンの肖像を見上げ、リンカーンだったら同じような立場に置かれた時はどうしたか、と自問したルーズヴェルトを。

六、第一次世界大戦中のアメリカ海軍で、従軍牧師として指導的な立場にあった人が、その職務に成功するための不可欠の資質として、Gからはじまる四つの言葉を挙げている。それは何か？

# 第6章 上手な話し方の秘訣

　第一次世界大戦が終わって間もない頃、私はロンドンでロス・スミス卿とキース・スミス卿という二人の兄弟と知り合いました。二人は史上はじめてロンドン―オーストラリア間飛行を成し遂げて、オーストラリア政府から五万ドルの賞金を獲得し、それが当時の大英帝国中で大評判となって、国王からナイトに叙せられたばかりでした。

　有名な風景写真家のハーリー大尉がこの飛行の一部に同行し、映画を撮りました。そこで彼らはその記録映画の上映と合わせて講演をすることになり、私は準備を手伝ったり、講演の練習を見てあげたりしました。講演は四カ月間にわたって毎日午後と夜の二回、それぞれ一人ずつが講演するという形でロンドンのフィルハーモニック・ホールで催されました。

　二人はまったく同じ経験をしたのでした。操縦席に並んで座り、ともに世界半周飛行をしたわけです。したがって、二人はほとんど一言半句違わない同じ内容の講演をしました。しかし、なぜか同じ話にはまったく聞こえませんでした。

内容のある話には、単なる言葉以上の何かがあります。それは話とともに伝わる味わいとでも言うべきものです。「大切なのは何を話すかではなく、むしろどう話すかということだ」と言います。

ある時私は、音楽会で一人の若い女性と隣り合わせに座っていました。ピアノの名手パデレフスキーがショパンのマズルカを演奏するのを聴きながら、楽譜を読んでいた彼女は、しきりに不思議がっていました。どうしてもよくわからないのです。パデレフスキーの指は、彼女が同じ曲を演奏する時に触れるのとまったく同じ鍵盤に触れている。それなのに、彼女の演奏はありきたりであるのに対して、パデレフスキーの演奏は人に霊感を与えている。圧倒的な美しさを持ち、聴衆を魅了している。なぜだろう、というわけです。彼はただ鍵盤に触れているだけではなかったのです。問題は鍵盤にどう触れるか、指先のタッチにどれだけ感情や芸術性、個性を込めることができるかということなのです。凡人と天才の違いはまさにそこにあります。

ロシアの偉大な画家ブルーロフが、ある時、生徒の描いている絵を直してやりました。その生徒は直された絵を見て感嘆の声を上げました。「何とまあ、ほんの少しタッチを加えていただいただけなのに、見違えるようになりました」。するとブルーロフは言ったのです。「そのほんの少しがはじまるところから芸術がはじまるのです」。それは、絵やパデレフスキーの演奏に限らず、話すことについても言えます。

同じことは言葉というものにタッチを加える場合にも当てはまります。イギリス議会には次のような言い古されたことわざがあります。「肝心なのは話す内容ではなく、話し方だ」。これは、昔イギリスがまだローマの辺境の植民地だった頃の古代ローマの雄弁家クウィンティリアヌスの言葉です。

たいていの古いことわざと同様、これもいくぶん割り引いて受け取っておいたほうがよいでしょう。しかし、確かに内容のない話でも、話し方がうまいと人に受け入れられるものです。大学の弁論大会でもよくあることですが、話の内容が一番よかった学生が優勝するとは限りません。優勝するのはむしろ、話し方が上手で、内容が一番よいように思わせることのできる学生なのです。

モーリー卿はかつて皮肉っぽく冗談めかしてこんなことを言いました。「演説をするには大切なことが三つある。それは、誰が演説するか、どんなふうに演説するか、何を演説するか、だ。そのうちで一番重要度が低いのは、最後の、何を演説するかということさ」。これはあまりにも誇張した言い方でしょうか？　確かにそうです。しかし、よく噛みしめてみると、この言葉には真実が秘められていることがわかります。

イギリスの政治家で弁論家として知られたエドマンド・バークが書いた演説集は、論理、論法、構成などのすべての点で優れているので、今でも全国の半数の大学で演説のお手本として使われています。しかし、バークは演説が下手なことで有名でした。彼はその珠玉の言葉を人に伝え、面白く力強いものにする能力に欠けていたのです。そのため彼は下院の「ディナー・ベル」(ディナーの用意ができたことを知らせる鈴)と呼ばれていました。彼が発言しようと立ち上がると、他の議員たちが咳をしたり、そわそわしたり、あげくの果ては連れ立って議場を出ていったりしたからです。

鋼鉄に覆われた弾丸を全力で投げつけても、相手の衣服をへこませることさえできません。しかし、獣脂蠟燭《じゅうしろうそく》の後ろに火薬を詰めてその弾丸を撃てば、分厚い松の板でも撃ち抜くことができます。残念ながら、火薬つきの獣脂蠟燭のような演説のほうが、鋼鉄に覆われてはいても火薬のついていない話よりも、人の心を打つのです。

ですから、話の仕方にはくれぐれも気をつけましょう。

## ◉「話の届け方」とは

デパートはあなたの買った品物を「配達」(deliver)する時、どのようにするでしょうか? 配達人が包みをお宅の裏庭に放り込んで、あとは知らんぷりでしょうか? 品物が配達人の手元を離れさえすれば、それで配達したことになるのでしょうか? 電報の配達員はそれを名宛て人に直接手渡します。話をする人の場合も、誰もがこの電報の配達と同じように直接相手に届けているでしょうか?

何千人という人に見られる典型的な話し方を例に挙げましょう。ある時、私はたまたまスイスのアルプスにある避暑地ミューレンに滞在したことがあります。ロンドンの某社が経営するホテルに宿泊していました。そのホテルにはイギリスから毎週二人の講師が招かれ、泊まり客に講演をしていました。そのうちの一人がある有名なイギリスの女流作家でした。演題は「小説の将来」というものでしたが、その演題は実は自分で選んだものではないということを彼女は私に打ち明けてくれました。つまり、手っ取り早く言えば、彼女には本当に話したいと思うことが何もなかったのです。そこで大急ぎで何かとりとめもないことを書き散らしたメモを手に聴衆の前に立ったものの、聞き手をまったく無視し、聴衆のほうを見ようともしません。聴衆の頭の彼方をじっと見つめたり、自分のメモに目をやったり、床に目を落としたりしていました。うつろな目に、うつろな声で、まるで太古の虚空に向かって自分の言葉を放っているかのように見えました。

そんなやり方では、話をしているなどとはとうてい言えません。これではひとりごとです。コミュニケーションへの意識などまったくありません。ところが、上手に話すためには、このコミュニケーションへの意識こそ何よりも大切なのです。聴衆は、話し手の頭と心から自分たちの頭と心に一つの内容が直接伝えられていると、肌で感じる必要があるのです。私が今よくない例として述べたような話し方をしたければ、いっそのことゴビ砂漠の、砂ばかりで水のまったくない荒野ででもすればいいのです。実際、その講演は生きた人間たちに語りかけるというよりも、どこかそういう砂漠のような場所で語られているように思えました。このように、話をするということは、きわめて単純であると同時に、きわめて複雑な作用です。それはまた、非常に誤解され、乱用されている作用でもあるのです。

### ◉上手な話し方の秘訣

話し方については、これまでに無意味などうでもよいようなことが大量に書かれてきました。数々の決まりやしきたりに覆い隠され、神秘的なものにされてきたのです。旧式な「演説法」（エロキューション）は、神と人間の目から見れば嫌悪の的そのもので、しばしば馬鹿げたものとさえ思われてきました。ビジネスマンは図書館や書店へ行って「雄弁術」（オラトリー）についての本を見つけてきますが、そんなものはまったく何の役にも立ちません。他の分野では進歩が見られるのに、いまだに生徒にウェブスターやインガソルといった十九世紀の演説家たちの美辞麗句で飾り立てた「名演説」を無理やり暗記させている学校もあります。こういうものは、インガソル夫人やウェブスター夫人が当時かぶっていた帽子のようなもので、今日によみがえらせたとしても、流行遅れであるだけでなく、現代の精神からも遠くかけ離れています。

南北戦争以後、まったく新しい演説の仕方が生まれました。時代精神に合わせて、電報のように直接的になりました。洗練された美しさを求める現代の聴衆は、昔流行したような凝った言いまわしにはもはや耐えられないでしょう。

十五人程度のビジネスの会議であろうと、千人を超える大集会であろうと、現代の聴衆が話し手に求めるのは、気楽なおしゃべりをする時の話し方、つまり、聴衆の中の一人を相手に話すのと同じような普通の話し方なのです。

同じような話し方とはいっても、力の入れ方は同じではありません。もし同じようにしようとすれば、聴衆にはほとんど聞き取れないでしょう。自然に見えるようにするためには、四十人に話す時は一対一で話すよりもはるかに多くのエネルギーを使わなくてはなりません。ビルの屋上の彫像が地上から見て等身大に見えるようにするためには、かなり巨大でなくてはいけないのと同じ理屈です。

マーク・トウェインがネバダ州の炭鉱町で行なった講演が終わりに近づいた時、一人の年老いた採鉱者が講師に近づいてきて言いました。「それでいつものあなたの演説の声でやってもらったのかね？」。聴衆が求めているのはそれなのです。「あなたの普通のしゃべり方」をちょっと拡大したものです。

共同募金関係者の集まりで話をする場合でも、ごく普通の人を相手に話をするつもりでしゃべりましょう。だいたい、共同募金委員会の会合とは何でしょうか？　単に普通の人たちの集まりにすぎないのではありませんか。そのような男女一人一人に対して成功したのと同じやり方が、彼らが一つの集団になった場合にも成功するのではないでしょうか。

先ほど、ある女流小説家の話し方について述べましたが、その数晩後、彼女が講演をしたのと同じ大広間で、イギリスの大物理学者オリヴァー・ロッジ卿の講演を聴く機会がありました。演題は「原子と世界」でした。彼は半世紀以上この問題について考え、研究や実験、調査を重ねてきました。したがって、彼は自分の精神、頭脳、生命の欠くことのできない一部となっている、話したくてたまらない何かを持っていたのです。彼は自分が講演をしようとしていることも忘れていました。彼が「忘れていた」ということを私もまた神に感謝しましたが、彼はそんなことは気にもかけていない様子でした。彼はただ、聴衆に原子について語ること、正確にわかりやすくしみじみと語ることに専念していました。自分が見たものを私たちにも見てもらいたい、自分の感じたことを私たちにも感じてもらいたい、ただそのことだけで頭がいっぱいだったのです。

そして、結果はどうだったでしょうか？　その話は素晴らしいものでした。聴衆を魅了し、力づけ、深い感銘を与えました。彼は並外れた能力を持つ話し手だったのです。しかし、彼はきっと自分のことをそんなふうに思ってはいなかったと思います。彼の話を聴いた人も、彼を演説の専門家などと思った人はほとんどいないと思います。

もしこの本を読んだあなたが人前で話をして、それを聴いた人が、あなたは人前で話す訓練を受けたことがあるのではないかと考えたとしても、私はあまり自慢には思わないでしょう。聴衆にあなたが訓練を受けたことがあるとは夢にも思わせないほど、徹底して自然に話すことを私は願っているのです。よい窓というのはそれ自体は人の注意を引かないのです。ただ光を入れるだけです。よい話し手とはそのようなものです。非常に自然なので、聴衆はその話し方には注意を払わず、話の内容にだけ関心を示すのです。

## ◉自動車王フォードの助言

世界の自動車産業の創始者ヘンリー・フォードは、いつも次のように言っていました。

「我が社の車は皆、そっくり同じです。しかし、人間の場合は、同じ人は二人といません。新しい生命はどれも、太陽の下では新しいものです。いまだかつて同じものは二つとして生まれてこなかったし、これからも生まれてはこないでしょう。若者は自分についてそういうふうに考えるべきです。自分だけのかけがえのない個性のきらめきを探し求め、それを懸命に伸ばすべきです。ところが、社会や学校はどうにかしてそれを取り除こうとするでしょう。我々すべてを同じ鋳型にはめようとするのです。しかし、どんなことがあってもそのきらめきをなくさないようにしなくてはいけません。それこそ、あなたを価値ある人間にしている唯一にして本当の要因なのですから」

このことは疑いもなくパブリック・スピーキングにも当てはまります。この世にあなたと同じ人は二人といません。数億の人が皆同じように、二つの目、一つの鼻、一つの口を持っていますが、あなたとまったく瓜二つという人など一人もいません。また、あなたとそっくり同じ特徴や行動の仕方、精神構造を備えた人も一人としていません。あなたが自然に話している時、あなたとそっくり同じに話したり自分の考えを述べたりする人はほとんどいません。言い換えれば、あなたには個性があるのです。それは話し手にとって最も大切なものです。個性をなくさないようにしましょう。個性を大切にし、それを伸ばしていきましょう。個性はあなたの話に力と真実味を与えます。ヘンリー・フォードが言ったように「それこそ、あなたを価値ある人間にしている唯一にして本当の要因なのです」

オリヴァー・ロッジ卿は他の人とは違った話し方をしました。なぜなら、彼自身が他の人とは違っていたからです。彼の話し方は、そのあごひげや禿げた頭と同じように、その個性のなくてはならぬ一部だったのです。たとえあのイギリスの大政治家ロイド・ジョージの真似をしようとしても、本物と同じにできるわけはなく、講演は失敗していたでしょう。


一八五八年にイリノイ州の大草原にあるいくつかの町で、スティーヴン・A・ダグラス上院議員とエイブラハム・リンカーンとの間でアメリカ史上最も有名な討論が行なわれました。リンカーンは背が高くてぎこちなく、一方、ダグラスは背は低いが上品でした。この二人は体つきだけでなく、その性格や精神構造、人柄、気質も異なっていました。

ダグラスは教養のある常識人でした。一方、リンカーンは靴も履かずに客を玄関に出迎えるようなたたき上げの人です。ダグラスの身ぶりは優雅でしたが、リンカーンの身ぶりはぎこちないものでした。ダグラスにはまったくユーモアが欠如していましたが、リンカーンはまれに見る話し上手でした。ダグラスはめったに笑顔を見せませんでしたが、リンカーンは絶えず類推や実例をもとに話しました。ダグラスは傲慢で威圧的でしたが、リンカーンは控え目で寛大でした。ダグラスは頭の回転の速い人でしたが、リンカーンの頭の働きは緩慢でした。ダグラスは猛烈な早口でまくしたてましたが、リンカーンの話し方はもっと静かで、もっと深みがあり、落ち着いていました。

　このように対照的な二人でしたが、どちらも有能な話し手でした。なぜなら、彼らにはありのままの自分でいる勇気と立派な分別があったからです。もしもどちらかが相手の真似をしようとすれば、みじめな失敗に終わっていたでしょう。しかし、どちらも独自の才能を最大限生かすことによって、自分自身を個性的なたくましい人間にしたのです。汝も見習うべし。

　見習えと指図するのはたやすいことです。しかしそのとおり実行するのはたやすいことでしょうか？　断じてそうではありません。フォッシュ元帥が戦術について語ったように「構想するのは単純だが、残念ながら実行に移すのは複雑」なのです。

　人前で自然にふるまうには訓練を要します。俳優はそのことをよく知っています。あなたが四歳の小さな子供だった頃は、その気になりさえすれば、演壇に上がり、聴衆に向かって自然に「暗唱」してみせることができたでしょう。しかし、あなたが二十と四歳とか四十と四歳とかいう年齢になって、演壇に上がりいざ話しはじめると、どういうことが起こるでしょうか？　四歳の時に持っていたあの無意識の自然さを持ち続けているでしょうか？　持っているかもしれません。でも、あなたはきっと固くなり、不自然で、ぎくしゃくし、スッポンのように自分の殻に閉じこもってしまうでしょう。

　話し方について教えたり訓練したりすることは、その相手の人に新たな特性をつけ加えることではありません。それは主として、障害を取り除いてその人を解放し、その人が誰かにいきなりなぐられた時に見せる反応と同じ自然さで、話せるようにすることです。

私は話し手に何百回となく話を中断させて、「人間らしく話しなさい」と言ってきました。自然に話す練習を繰り返しさせているうち、精神的に疲れ果て、神経をすり減らして帰った夜は数知れません。確かに、自然に話すということは決して見かけほどたやすいことではないのです。

そして、思い切り自然に話す技を身につけるためのこの世で唯一の方法は何かと言えば、それは練習です。そしてもう一つ、練習しながら自分がぎこちない話し方をしていると気づいたら、中断して、心の中で自分を厳しくたしなめることです。「ほら！　どうした？目を覚ませ。人間らしく話すんだ」と。さらに、聴衆の中から、後ろのほうの一番飲み込みの悪そうな人を誰か一人選び出し、その人に向かって話すのです。他にも人がいることはすっかり忘れましょう。その人と「対話」をするのです。その人があなたに質問し、あなたはそれに答えているのだと思いましょう。もしもその人が立ち上がってあなたに話しかけ、あなたもそれに応じるとしたら、あなたはすぐさまもっと会話口調で、もっと自然に、もっと率直に話さないわけにはいきません。ですから、そのとおりのことが現に起こっているのだと想像してみてください。

実際に聴衆に質問をしたり、それに答えたりしてもかまいません。たとえば、話の最中にこう言ってもいいのです。「何を証拠にそう言い切れるのかと疑問に思われるでしょうね。証拠ならちゃんとあります。これがそうです……」。そうして、そういう質問が出たと仮定して、それに答えるような形で話を進めていくのです。そういうことはごく自然にできます。話も単調にならずに済みます。率直な、楽しい、会話調のものになるのです。誠実さ、意気込み、真剣さもあなたの味方をしてくれます。気持ちが高揚している時は、本当の自我が姿を現わします。障壁が取り払われるのです。感情の熱気がすべての障壁を燃やし去ります。そこで人はのびのびとふるまい、のびのびと語ります。つまり自然体になるのです。

そこで結局、この、人に向かって話をするという問題も、これまで紙面を割いてすでに繰り返し強調してきたことに立ち戻ります。つまり、自分の話に心を打ち込むということです。

エール大学神学部のブラウン学部長が、同大学で行なった説教についての講演の中で、次のように語りました。「ロンドンでかつて参列した礼拝について、友人が語ったことを私は決して忘れません。その牧師はジョージ・マクドナルドといいました。彼はその朝、日課の聖句として『ヘブル人への手紙』の第十一章を読みました。お説教の時が来ると彼は言いました。『皆さんはどなたもすでに、この信仰厚い人々についての話をお聞きになっています。今さら、信仰の何たるかは申し上げますまい。私よりももっと適切に語ってくださる神学者がおられますから。私は皆さま方の信仰をお助けするためにここにいるのです』。それから、聴いているすべての人たちの心に信仰が芽生えるように、永遠なるそれら目に見えないものに対する牧師自身の信仰を、簡潔にして心からなる荘厳な言葉で語ったのでした。彼はその説教に全霊を傾けていました。その言葉は人の心を打ちました。なぜなら、それは牧師自身の内面生活の純粋さと清らかさの反映であったからです」

「説教に全霊を傾けていた」それが秘訣なのです。しかし私はこのような助言が一般受けしないことは知っています。雲をつかむようですし、漠然としています。たいていの生徒は間違えようのないルールをほしがります。何か明確なもの、その手につかめるものを求めます。車の運転教習本のような正確なルールを。それが学生の求めるものですし、できれば私もそれを学生に与えたいと思います。それがあれば学生は助かりますし、私も助かります。確かにそのようなルールはあります。しかし、それにはたった一つ、ちょっと困ったことがあるのです。それは、そのルールが役に立たないということです。それは話すという行為から、自然さ、自発性、生気、活力などをすべて奪い取ってしまいます。私にはわかっているのです。若い頃、それを試みて多くの精力を浪費したのですから。そのルールにはここで触れません。なぜなら、ジョシュ・ビリングスが比較的くつろいだ時に語ったように、「役にも立たないことをあれこれ知る必要はない」からです。

## ◉人前で話す時、あなたはこういうことをしますか

もっとはっきりと生き生き話せるようになるために、自然な話し方の特徴をいくつかお話しすることにしましょう。私は今までこういうことをしたものかどうか迷っていました。

なぜなら、誰かがきっとこう言うに違いないからです。「ああ、そうか。こういうことをするように自分を仕向ければいいんだな。よし、わかった」と。とんでもないことです。自分にそのようなことを無理強いすれば、あなたはすっかり固くなって、ぎくしゃくしてしまいます。あなたはこれらの原則のほとんどをつい昨日会話の中で使っています。昨夜の夕食を消化したのと同じように、無意識のうちに使ったのです。それが、これらの原則の使い方です。それが唯一の方法なのです。そしてそれは、パブリック・スピーキングに関する限り、すでにお話ししたように、練習によってのみ身につくのです。

## ◉1、重要な言葉を強調し、重要でない言葉は軽く言う

会話では、私たちは一語の中の一音節に狙いを定め、それを強く発音し、その他の音節は浮浪者の列のそばを通りすぎるタクシーのように、大急ぎで発音します。たとえば、マサチューセッツ（Massachusetts）、アフリクション（affliction）、アトラクティブネス（attractiveness）、エンバイロメント（environment）といった具合です。私たちは文章についてもほとんど同じことをします。一つか二つ重要な言葉を、ニューヨーク五番街のエンパイア・ステート・ビルのように高くそびえさせるのです。

私は奇妙な耳慣れないことを言っているわけではありません。耳をすましてみれば、いつもあなた方のまわりでそういうことが行なわれているのがわかります。あなた自身、昨

日そういうことを百回、いや、たぶん千回もしているのです。今日もきっと何百回となくするでしょう。ここに一つ例文があります。次の引用文の傍点の言葉にアクセントをつけて読んでみてください。その他の言葉は急いで読みます。どんな効果があるか試してください。

私は手がけたことにはすべて成功してきた。なぜならそう決意したからだ。躊躇したことなど一度もない。だから人より優位に立つことができたのだ。

——ナポレオン

この文章の読み方はこれ一つきりではありません。他の話し手なら、たぶん違った読み方をするでしょう。強調については特に厳しいルールなどないのです。

次の抜粋を真剣に声に出して読み、内容をはっきりと把握してください。ひとりでに重要な言葉は強調し、その他の言葉は駆け足で読んではいませんか？

負けたと思ったら、あなたの負け。
何としてでも勝とうと思わなければ、勝てない。
勝ちたいが勝てないなどと思っていたら、
ほとんど確実に負けだ。

人生の戦いでは、
いつも強い人、速い人が勝つとは限らない。
しかし、遅かれ早かれ勝利を収めるのは、
自分が勝てると思っている人だ。

――作者不詳

人の性格を構成する要素の中で、おそらく断固とした決断力ほど大切なものはあるまい。偉大な人物を目指している若者、または、将来何かの道で名を上げようと思っている若者は、一千の障害に打ち勝つだけではなく、たとえ千回撃退され、敗北を喫しようとも、勝利を手にする決意をしていなければいけない。

――セオドア・ルーズヴェルト

### ◉2、調子を変える

会話の時の声の調子は、高くなったかと思うと低くなり、また高くなるという具合に、海面のように休みなく揺れ動いています。なぜでしょうか？　そのわけは誰も知りませんし、気にしてもいません。しかし、その結果、耳に心地よく聞こえます。それが自然というものです。こうしなさいと教えられたわけではありません。子供の頃、知らず知らずのうちに覚えたのです。ところが、いざ立ち上がって聴衆と向き合うと、私たちの声は、ネバダ州にあるアルカリ質の砂漠のように、単調そのものになってしまうのです。

話し方が単調だと気づいたら、たいていの場合、声高になっていますが、ちょっと一息入れて自分に言い聞かせましょう。「これではまるでロボット人形だ。話しかけるようにするんだ。人間らしく。自然に」と。

こういうふうに自分に言い聞かせることは、効果があるでしょうか？　たぶん、多少はあるでしょう。一息つくこと自体、効果があります。とにかく、練習して、自分で直していくしかないのです。

自分が選んだ句や語のところで、急に声の調子を上げたり下げたりすることで、その句や語を、前庭の青々とした月桂樹のように際立たせることができます。ブルックリンの有名な会衆派の牧師パークス・キャドマンはよくそうしました。オリヴァー・ロッジ卿やウィリアム・ジェニングス・ブライアン、セオドア・ルーズヴェルトなど、名のある演説家はほとんど皆そうしています。

次の引用文の中の傍点の語を他の語より低い調子で言ってみてください。どうなるでしょうか。

> 私には一つだけ取り柄がある。それは、決してあきらめないことだ。
>
> ——フォッシュ元帥

教育の大きな目的は知識ではなく行動だ。

――ハーバート・スペンサー

私は八十六年間生きてきて、成功への坂をよじ登る人を何百人となく見てきたが、成功するために大切な要因の中で一番重要なものは信念だ。

――ギボンズ枢機卿

## ◉3、話す速度を変える

幼児が話をする時、あるいは私たちが普通に会話をする時、話す速さを絶えず変化させています。それは心地よく、自然なことです。別に意識してやっているわけではありません。それによって話に勢いがつきます。実際、一つの考えを際立たせるには最良の方法です。

ウォルター・B・スティーヴンスはミズーリ州歴史協会発行の『Reporter's Lincoln（記者の見たリンカーン）』の中で、自分が話をしている相手に要点をはっきりつかんでもらうために、リンカーンが好んで用いた手法について次のように書いています。

彼はよく、いくつかの語を非常な速さで話し、自分の強調したい言葉や語句になるとそこで速度をぐっと落として声を強め、それからあとはまるで稲妻のように突っ走ったものです……彼は自分が強調したい一語か二語に、それに続くさほど重要でない数語分と同じ時間を割いたのです。

こういう話し方をすれば、必ず聞き手の注意を引きます。たとえば、私はしばしばギボンズ枢機卿の次の言葉を公の席で引用しています。ある時、私は〝勇気〟ということを強調したいと思いました。そこで、次の傍点をつけた言葉をゆっくり言って引き伸ばし、まるで私自身がその言葉に感銘を受けたように（実際感銘を受けたのですが）、話したのです。以下の抜粋を同じ方法を試しながら声に出して読んでみて、その結果に注目してください。

死の少し前にギボンズ枢機卿は言った。「私は、八十六年間生きてきて、成功への坂をよじ登る人を何百人となく見てきたが、成功するために大切な要因の中で一番重要なものは信念だ。何びとも勇気がなければ大事を成し遂げることはできない」

次にこうしてみてください。「三千万ドル」と素早く、いかにも少ない額に聞こえるように、気のない調子で言ってください。今度は「三万ドル」とゆっくり感情を込めて言ってください。その金額の大きさに非常な感銘を受けたかのように言うのです。三万ドルのほうが三千万ドルよりずっと大きな金額のように聞こえないでしょうか？

## ◉4、重要なポイントの前後に間を置く

リンカーンはよく演説の途中で間を置きました。演説が、聞き手の心に深く印象づけたいと思う重要な問題に差しかかると、体を前にかがめてしばらく聞き手の目をまっすぐ見すえ、まったく何も言いません。この突然の沈黙は突然の音と同じ効果がありました。注意を引きつけたのです。これから何を言い出すのかと誰もが神経を集中し、聞き耳を立て、気を引き締めました。たとえば、ダグラス上院議員候補との有名な討論が終盤に差しかかり、すべての兆しがリンカーンの敗北を示していた時、彼は意気消沈し、時おりいつもの憂うつに襲われ、その言葉に哀調がこもっていました。締めくくりの演説の中で、彼は突然話をやめて少しの間、黙って立っていました。間を置き、涙でうるんでいるように見えるあの落ちくぼんだ疲れ果てた目で、自分の前の半ば冷淡で半ば親しげな顔の群衆を見まわしました。そして、両手を組み、勝ち目のない戦いにその手までがいかにも疲れ果てているといった様子で、彼独特の単調な声で言ったのです。「皆さん、アメリカ合衆国上院にダグラス判事が選出されようが、私が選出されようが、大して変わりはない、いや、ほとんどまったく変わりないと言ってもいいでしょう。しかし、今日私たちが皆さんに提起した大きな論争点は、個人的利益とか、一個の人間の政治家としての将来とかをはるかにしのぐものです。そして皆さん！」と、ここで彼は再び間を置き、聴衆は一言一句聞き漏らすまいと耳をそば立てました。「この論争はダグラス判事と私の哀れな、かよわい、もつれ

る舌が墓の中で沈黙したのちも生き続け、息づき、燃え続けることでしょう」

以上の一部は彼の伝記から引用しましたが、それを書いた作家の一人がこう言っています。「こうした単純な言葉とその話し方が皆の心の核心に触れたのだ」と。

リンカーンは強調したいと思う言葉のあとにも間を置きました。彼はその意味が聞き手の心にしみ込んでその使命を果たす間、沈黙を保っていることによって、その言葉をいっそう力強いものにしたのです。

オリヴァー・ロッジ卿は演説をする時、大事な話の前後でよく間を置きました。時には一つの文章を話す間に三、四回も間を置くことがありましたが、それは自然に無意識のうちにしていたことです。オリヴァー・ロッジ卿の話し方を分析している人でもない限り、誰もそれに気づかなかったでしょう。

「沈黙によって汝は語る」とキプリングは言っています。話の中で巧みに用いられる沈黙ほど効果的なものはありません。それは強力な手段であり、なおざりにするにはあまりに重要です。しかし、初心者はよくこれをおろそかにします。

次の文章はホールマンの『Ginger Talks（ジンジャー・トーク）』からの抜粋ですが、話し手が間を置くといいだろうと思う箇所に印をつけておきました。といっても、間を置く箇所はそこだけだとも、そこが一番よいとも言っているわけではありません。私はただそれも一つのやり方であることを示しただけです。ここで間を置かないといけないというような厳しい決まりがあるわけではありません。内容やその時の気分とか感じで決めればよいのです。同じスピーチでも今日と明日で間を置く箇所が違うということもあり得るのです。

まず次の文章を途中で休まずに声を出して一気に読んでください。次に、私の指示どおり間を置いてください。間の効果はいかがですか？

「商品のセールスは戦いと同じです」（間を置いて、「戦い」という考えを浸透させる）「ファイトのある者だけが勝つことができます」（間を置いて、その考えを浸透させる）「このように物を売るのに、戦わざるを得ないような状況など、私たちにとって好ましいものではないかもしれません。しかし、そんな状況は何も私たち自身がつくったのではないし、自分たちがこれを変えることはできないのです」（間）「販売競争に参加したら、勇気を奮い起こしましょう」（間）「さもないと」（間を置いて、どうなるのかな、と気をもたせる）「何度打順がまわってきても、空振りばかりで得点にはなりません」（間）「ピッチャーを恐れていては三塁打が打てるわけがありません」（間を置いて、あなたの言おうとする要点を浸透させる）「肝に銘じておきましょう」（間を置いて、要点をさらに浸透させる）「守備の間をつく一撃をやってのけたり、フェンス越えのホームランを打ち上げるのは」（間を置いて、この素晴らしい選手についてあなたがこれから何を言おうとしているか、相手にたっぷり気をもたせる）「勇気凛々といった様子で打席につく選手です」

次の引用文を声に出して力強く、意味を理解しながら読みましょう。あなたが知らず知らずのうちに間を置く箇所はどこでしょうか？

アメリカ最大の砂漠があるのは、アイダホ州でもニューメキシコ州でもアリゾナ州でもない。それは普通の人間の頭の中にある。アメリカ最大の砂漠は、自然の砂漠ではなく、むしろ精神の砂漠なのだ。

——J・S・ノックス

どんな病気にもきく万能薬などこの世にはない。それへの一番の近道は広告だ。

——フォックスウェル教授

私には喜ばせなければならない人が二人いる。神とガーフィールド、つまり私自身だ。私はこの世ではガーフィールドとともに生きねばならない。来世では神とともに。

——ジェイムズ・A・ガーフィールド

本章で私の指示に従った話し手にも、まだ非常に多くの欠点があります。大勢の人の前でも普通の会話と同じような話し方をしてしまい、その結果、聞きにくい声で話したり、文法的な間違いを犯したり、ぎこちなくなったり、無礼な態度をとるといった多くの不愉快な問題を起こします。日常の自然な話し方には、改良しなければならない点が数多くあるのです。日常会話の自然な話し方を完璧なものにした上で、その手法をスピーチに取り入れてください。

### ◈まとめ◈

一、傾聴に値する話には、単なる言葉以上の何かがある。それは話とともに伝わってくる味わいといったものだ。「大切なのは何を話すかではなく、むしろどう話すかということだ」

二、聞き手を無視して、聴衆の頭の向こうを見つめたり、床に目を落としたりする話し手が大勢いる。彼らはひとりごとを言っているように見える。聴衆と話し手の間に通い合うものがなければ、意思の疎通が行なわれているとは言えない。そのような態度は対話をぶち壊し、ひいてはスピーチをもぶち壊す。

三、よいスピーチは日常会話の音声と率直さを拡大したものだ。普通の個人に話すのと同じように共同募金関係者に話すのだ。結局、共同募金委員会とは何か？　普通の個人の集まりにすぎないのではなかろうか。

四、誰にもスピーチの能力はある。もし私の言葉が信じられないなら、自分で試してみるといい。たとえば、あなたの知っている一番礼儀知らずの男をいきなりなぐり倒してみるといい。彼は立ち上がると、たぶん何かまくし立てるだろうが、その言い方はほとんど非の打ちどころがないほど見事なものだろう。あなたが聴衆の前で話す時も、それと同じくらい自然に話していただきたい。それがうまくなるためには練習が必要だ。人の真似をしてはいけない。自然な話し方をすれば、あなたはこの世の誰とも違う独特の話し方をすることになる。自分の個性、自分独自の手法をスピーチに盛り込もう。

五、聞き手がすぐにも立ち上がってあなたに言い返してくることを予期しているかのように聴衆に話しかけよう。もしも聴衆が立ち上がって質問するとしたら、あなたのスピーチはきっとたちまち見違えるようによくなるだろう。だから、誰かがあなたに質問して、あなたはその質問を復唱していると想像しよう。「どうしてそれが私にわかるのかとお尋ねですか？　ではお話ししましょう」……この種のことはまったく自然に見えるだろう。こうすれば言葉遣いの堅苦しさは打ち破られ、話し方に温かみと人間らしさが生まれる。

六、スピーチに全霊を打ち込もう。心からの誠意はキリスト教界のどんな宗規よりも助けになる。

七、会話に熱中した時、誰もが無意識にすることが四つある。しかし聴衆を前にした時、そういうことをするだろうか？　たいていの人はしない。

(a)　一つの文章の中の重要な語を強調し、重要でない語を軽く言っているだろうか？

「そして」「しかし」などの接続詞も含めて、ほとんどあらゆる語にほぼ同じ注意を払っているだろうか？　あるいは一つの文章を、マサチューセッツと「チュー」にアクセントを置く発音の仕方と同じように、強調すべきところは強調して、しゃべっているだろうか？

(b)　幼児が話すように、声の調子を上げては下げ、また上げる、ということをしているだろうか？

(c)　重要でない語は大急ぎで言って、強調したい語にもっと時間をかけるというように、話す速さに変化をつけているだろうか？

(d)　重要な語句を言う前とあとに間を置いているだろうか？

# 第7章

# 話し手の態度と人柄

ある時、カーネギー工科大学が著名なビジネスマンを対象に知能テストを行ないました。そのテストは戦争中軍隊で用いられたのと同じようなものでした。そしてその結果、同大学は、ビジネスで成功するかどうかは、知能よりむしろ人柄のいかんにかかっていると発表しました。このことはビジネスマンに限らず、教育者、専門職にある人、また一般の話し手にとっても非常に重要な意味を持ちます。

人柄こそ（準備は別として）、聴衆を前に話す場合には何よりも大切な要素です。エルバート・ハバードは言っています。「弁論大会で勝利を収めるのは、言葉ではなく話し方だ」。むしろ話し方プラス内容と言うべきでしょう。しかし、人柄というのは漠然としたとらえどころのないものですから、スミレの香りと同じように、分析のしようがありません。人柄とは人の全体、肉体的なもの、精神的なもの、知的なもの、特性、好み、性向、気質、考え、気力、経験、訓練、つまり、その人を全部ひっくるめたものなのです。それはアインシュタインの相対性理論と同じくらい複雑で、理解しがたいものです。

人柄は遺伝と環境によって決定され、変えることは非常に困難です。しかし、やり方次第では、ある程度まで強め、もっと力強い魅力的なものにすることができます。いずれにしても、私たちは自然が与えてくれたこの不可思議なものから、最大限の可能性を引き出すことができます。これは誰にとっても非常に大切なことです。人柄を改善できる可能性は限られてはいますが、それでもやはり議論と研究を重ねるだけの価値があるのです。

自分の個性を最大限生かしたいと思うなら、しっかり休養してから聴衆の前に現われましょう。疲れた話し手には人を引きつける力も魅力もありません。準備と計画を最後の瞬間まで延ばしたあげく、失った時間を取り戻そうと、すさまじい勢いで準備するといったよくある過ちは犯さないように。そういうことをすると、体毒や頭脳の疲労をためることになり、それがひいては恐ろしい足かせとなってあなたの足を引っ張り、活力を失わせ、頭脳も神経も弱らせることにつながります。

もしあなたが午後四時に委員会の会合で重要な話をしなければならないなら、できれば昼食は軽くし、昼寝で疲れをとります。体、頭、神経を休めること、それが必要なのです。アメリカの有名なソプラノ歌手ジェラルディン・ファーラーはよく、知り合ったばかりの友人をあきれさせたものです。お休みなさいを言って早々に引き上げ、その夜の残りの時間は夫に客の接待をまかせたのです。それは、彼女が芸術には何が必要かを知っていたからです。

マダム・ノルディカは言いました。プリマドンナであるということは、社交や友人、ごちそうなど、好きなものをすべてあきらめることであると。

大切な話をしなければならない時は、食欲に用心しましょう。聖者のように控え目に食べることです。いつも日曜日の午後は、アメリカの著名な牧師ヘンリー・ウォード・ビーチャーは五時にクラッカーと牛乳で軽食をとり、そのあとは何も口にしなかったものです。

往年の名歌手マダム・メルバは言っています。「夜の公演を控えている日は、五時に魚か鶏、菓子パンのいずれかに焼きリンゴと水だけという、ごく軽い食事をとることにしていました。ですから、オペラやコンサートを済ませて家に帰り着くと、いつもおなかがぺこぺこでした」

メルバやビーチャーはさすがです。私は話すことを職業とするようになってから、毎晩たっぷり食事をとったあとで二時間演説をしてみて、ようやくこのことに気づきました。経験から私は次のことを知ったのです。「舌平目《したびらめ》のリンゴ添え」のあとにビーフステーキ、フライド・ポテトにサラダ、野菜にデザートといった食事をたっぷりと済ませて立ち上がった一時間後では、自分自身にも、話の題材にも、自分の体にも、それぞれの持ち味を十分発揮させることができないということです。それもそのはず、脳にあるべき血液は胃にあって、ステーキやポテトを消化するために格闘しているのですから。あの名ピアニストのパデレフスキーの言葉どおりです。コンサートの前に食べたいものを存分に食べると、自分の中の動物的なものがすべて全面に出てきて、両手の指先にまで顔をのぞかせ、演奏の足を引っ張り、鈍らせることになる、と彼は語っています。

## ◉聴衆を引きつける人と、引きつけない人との違い

エネルギーを鈍らせるようなことは避けましょう。エネルギーは聴衆を引きつける力です。活力であり、元気であり、意気込みです。それは私が講演者とかスピーチの指導者を採用する際に、いつもまず第一に求める資質です。人々はエネルギッシュな話し手、つまり元気が満ちあふれている人のまわりに群がります。まるで秋の麦畑に群がる野鳥のように。

私はロンドンのハイド・パークの野外演説でこの実例をよく目にします。入口の一つマーブル・アーチの近くは、あらゆる人種と信条の演説者たちがよく集まるところです。日曜日の午後ともなると、ローマ法王の絶対確実性を説くカトリック信者や、カール・マルクスの経済学における〝福音〟をとうとうと述べる社会主義者、イスラム教徒が二人の妻を持つことの正当性を説くインド人などがいて、どれでも好きな話が聞けます。ところがよく見ると、ある演説者のまわりには何百人もの人が群がっているのに、そのすぐ隣にはほんの数人だけ。なぜでしょうか？　話し手によって人の引きつけ方に違いがあるのは、話題のせいだということだけで説明がつくでしょうか？　いいえ。それ以上に、話し手自

身に原因があることが多いのです。その話し手が自分の題材に誰よりも興味を持っている。だから面白いというわけです。彼は生き生きと熱心に語ります。活力と生気を発散させます。それが常に人の注意を引かずにはおかないのです。

## ◉服装が与える心理的影響

大学の学長でもある一人の心理学者が大勢の人にアンケート用紙を配り、服装から受ける印象について尋ねました。全員がほとんど口を揃えて証言したのは、自分が身だしなみよく、非の打ちどころのない装いをしていることを自覚し意識していると、説明はしにくいが、確かにはっきりとした効果がある、ということでした。それだけ自信が湧き、自分に対する信頼が増し、自尊心が高まる。成功しそうな外見をしていることで成功するだろうと考えやすくなり、その結果成功しやすくなる、と彼らは言っています。服装がそれを着る人に与える影響は、このように大きいのです。

一方、話し手の服装は聴衆にはどんな影響を与えるでしょうか？　何度も目にすることですが、話し手がだぶだぶのズボンに、形のくずれた上着や靴を身につけ、胸ポケットからは万年筆や鉛筆が、上着の脇からは新聞やパイプ、煙草のケースなどがつき出ている男だったり、見苦しくふくれ上がったハンドバッグを手に、スリップの裾をのぞかせた女だったりすると、彼らが自分の身なりに気を配っていないように、聴衆のほうでもそういう話し手には敬意を払わないものです。もじゃもじゃの髪や磨いていない靴、ふくれ上がったハンドバッグなどと同じように、その精神もだらしないだろうと聴衆が思うのも無理ないではありませんか。

### ◉グラント将軍の痛恨事

南北戦争の終結にあたって、敗れた南軍のリー将軍がアポマトックスの郡庁舎に来て降伏した時、彼は新しい軍服に身を包み、腰には見るからに立派な剣を提げた、非の打ちどころのない正装ぶりでした。一方、勝った北軍のグラント将軍は上着も剣も身につけず、一兵卒のシャツを着、ズボンを履いていました。彼は回想録の中で書いています。「身長百八十センチあまりの堂々とした体格に立派な身なりのその男と私とは、さぞかし奇妙な対照をなしていたに違いない」と。この歴史的瞬間に備えて、それに相応しい身なりを整えておかなかったことは、グラントの生涯の痛恨事の一つとなったのでした。

首都ワシントンにある農務省の実験農場には、数百箱の蜜蜂が飼われています。それぞれの巣箱には大きな拡大鏡が取りつけてあり、内部にはボタン一つで煌々《こうこう》と明かりがつくようになっています。ですから、昼夜を問わず、いつもこの蜂たちは綿密このうえない監視にさらされているわけです。話し手も似たようなものです。拡大鏡でのぞかれ、スポットライトに照らされ、満場の視線を浴びています。身なりのほんのちょっとした不調和も、大平原にそびえるパイクス・ピークの山容のように、大きく浮かび上がって見えるのです。

### ◉話しはじめる前から、我々はすでに値踏みされている

数年前、私はアメリカン・マガジン誌にニューヨークのある銀行家の伝記を書いていました。私はこの銀行家の友人の一人に、その人物が成功したわけを尋ねました。彼が言うには、その男の成功は笑顔に負うところが大きいということでした。一見大げさに聞こえるかもしれませんが、きっとそれは事実だろうと思います。もっと経験豊かで、もっと財務的判断力のある人が、他にも大勢、おそらく何百人となくいるでしょう。しかし、彼はそれに加えて、他の人にはないもの、つまり、人に好かれる性格を持っていたのです。そして、なかでもその温かく人を包み込む笑顔は特に印象的でした。彼はそれによってすぐに人の信頼を得ることができました。それによってまたたく間に人の善意を獲得することができたのです。私たちは皆、そのような人が成功するのを見たいと思うし、そのような人を支援することに心からの喜びを感じます。

中国にこういうことわざがあります。「にっこり笑うことのできぬ者は、商人になるべからず」。そして、聴衆に向けられる笑顔も、店のカウンター越しに見る笑顔と同じくらい、うれしいものではないでしょうか？　私は今、ブルックリン商工会議所が主催するパブリック・スピーキング・コースに参加したある受講生のことを思い出しています。彼はいつ

も、自分がそこにいるのがうれしくてたまらない、これからしようとしていることが好きでたまらないと言いたげな様子で聴衆の前に現われました。いつも微笑みを浮かべ、私たちに会うのがうれしくてたまらないといった様子でした。ですから、当然のことながら、聴衆はたちまち彼に対して温かい気持ちを抱き、彼を喜んで受け入れたのでした。

しかし一方で、嫌でたまらない仕事が待っていると言わんばかりの、冷ややかな、気のない態度で現われ、終わると神に感謝しかねないような話し手もよく目にします。聞いている私たちも、間もなく同じような気持ちになってしまいます。こういう態度は感染しやすいのです。

オーヴァストリート教授は『Influencing Human Behavior（人間の行為を支配する力）』という著書の中でこう述べています。「類は友を呼ぶ。もし我々が聴衆に興味を抱けば、聴衆のほうもこちらに興味を持ってくれるだろう。こちらがしかめっ面をしていれば、聴衆も、顔に出す出さないは別にして、おそらくしかめっ面をするだろう。我々がおどおどしたり取り乱したりしていれば、聴衆も我々を信頼しないだろう。横柄な態度で自慢げに話せば、聴衆は自己防衛本能を働かせるだろう。多くの場合、話しはじめる前から、我々はすでに値踏みされているのだ。だからこそ、温かい反応を誘い出すような態度で聴衆には接しなければいけない」

## ◉聴衆を一カ所に固める

講師として私はよく、昼間は、広いホールにぱらぱらと散らばって座っている少人数の聴衆を相手に講演し、その同じ日の夜は、同じホールで超満員の大聴衆を前に講演するということがあります。夜の聴衆は、昼間の聴衆がかすかに笑みを浮かべるだけだった話に、おなかの底から笑ってくれます。また、夜の聴衆は、昼間の聴衆がまったく何の反応も示さなかったところで拍手喝采してくれます。なぜでしょうか?

一つには、昼間出席してくれそうな年配の婦人や子供には、夜の聴衆ほどの活気や聞き取りの力は期待できないということがあるかもしれません。しかし、これは理由の一部にすぎません。

実際は、どんな聴衆でも散らばっていては、なかなかこちらの言うことに心を動かされないということです。広いがらんとした空間と聴衆の中の空席ほど、感興を削ぐものはありません。

ヘンリー・ウォード・ビーチャー師はエール大学で行なった説教についての講義の中で次のように語っています。

人はよく言います。「少人数の人に話すよりも、大聴衆を相手にするほうが力が入るとは思われませんか?」と。いいえ、と私は答えます。たとえわずか十二人であろうと、千人の人に話すのと同じようにうまく話すことができます。ただし、その十二人が私のまわりに、お互いの体が触れ合うほどに寄り集まっていればの話です。たとえ千人いても、人と人との間が一メートル以上も離れていたりしては、空っぽの部屋にいるのと同じです。一カ所に集めれば、半分の努力で聴衆を引きつけることができます。

大聴衆の中にいると、人は個性を失いがちです。群集の中の一人になり、たった一人でいる時よりも、はるかに容易に心をぐらつかされます。聴衆がわずか数人の場合には何の反応も示さなかったことに、笑い、拍手をするのです。人を集団として動かすことは、個々の人を動かすよりもはるかにたやすいことです。たとえば、戦いに臨む兵士は、いつもこの世で最も危険で向こう見ずなことをしたがります。つまり、一カ所に固まるのです。第一次世界大戦で、ドイツ兵は互いによく腕を組み合って戦場へ行ったことで知られています。

群集、これは不思議な現象です。有名な大運動や大改革はすべて群集心理に助けられて推進されました。この問題についての興味深い本としては、エヴァレット・ディーン・マーティンが著わした『The Behavior of Crowds（群集の行動）』があります。

少人数の人を相手に話をしようとする時は、必ず小さな部屋を用意しましょう。大きな会場に人が散らばって座り、やたらに空席が目立つよりは、狭い会場の通路にまで人があふれているほうがいいのです。

聴衆が散らばって座っていたら、前のほうに移動して話し手の近くに座るように頼んでみます。話しはじめる前に、これだけは必ずしてもらいましょう。

聴衆がかなりの大人数であったり、話し手がどうしても高いところに上がらなければならない理由、あるいは必要性がある場合以外、壇には上がらないようにしましょう。聴衆と同じ高さで聴衆の近くに立つことです。形式的なことはいっさいやめて、互いに親しく触れ合うようにします。対話をするような雰囲気をつくるのです。

## ◉ポンド少佐、窓をたたき割る

空気を新鮮に保ちましょう。話をする上で、酸素は喉頭《こうとう》や咽頭《いんとう》、喉頭蓋《こうとうがい》といった発声器官と同じくらい、必要欠くべからざるものです。キケロの雄弁をもってしても、また、ミュージック・ホールの容姿端麗なロケット・ダンサーたちを総動員しても、悪い空気で毒された部屋では、聴衆の眠気を防ぐことはできません。そこで、私も話し手の一人である時はたいてい、いつも話をはじめる前に聴衆に二分間席を立って休憩してもらい、その間、窓を開け放すことにしています。

ジェイムズ・B・ポンド少佐はヘンリー・ウォード・ビーチャー師のマネジャーとして十四年間アメリカとカナダを広く旅行しました。この有名なブルックリンの牧師が説教者としてもてはやされ、その人気が最高潮にある時でした。聴衆が集まる前に、いつもポンド少佐はビーチャー師が説教することになっているホールや教会、劇場などを訪れ、照明や座席の配置、気温や換気などを厳しく点検しました。少佐はかつて部下を大声で指揮していた歴戦の将校でしたから、権力を振るうのが大好きでした。したがって、会場が暑すぎて空気がよどんでいるのに窓が開かなかったりすると、彼は窓に本を投げつけ、ガラスをたたき割りました。イギリスのバプテスト派の説教者スパージョンと同じく、彼も信じていたのです。「説教者にとって神の恩寵に次いで大切なものは酸素だ」と。

## ◉光あれかし——汝の顔の上に

人を集めて心霊術の実演をするつもりでなければ、できるだけ部屋を明るく照らしましょう。照明を半分に減らした、魔法瓶の内部のように暗い部屋の中で人を熱狂させるのは、ウズラを飼いならすのと同じくらい、困難なことなのです。

舞台演出についてデイヴィッド・ベラスコが書いたものを読むと、普通の話し手は、ほどよい照明がいかに大切であるか、ほとんど気づいていないことがわかります。

顔にしっかり光を当てましょう。聴衆はあなたの顔を見たがっています。あなたの顔に現われる微妙な変化は、自己表現の方法の一部、それも非常に迫真的な部分なのです。時おりそれは、あなたの言葉以上のものを物語ります。照明の真下に立つと、顔が陰になって暗くなります。照明の真ん前に立っても同じです。そこで、話しはじめる前に、どの位置に立てば照明が一番効果的か、選んでおくぐらいの知恵を働かすことも大切ではないでしょうか。

## ◉壇上には余計なものを置かないこと

そして、壇上のテーブルの後ろに隠れてはいけません。聴衆は話し手の全身を見たがります。なかには全身を見ようと、わざわざ通路に身を乗り出す人さえいるくらいです。

誰かがきっと親切にテーブルと水差し、コップを用意してくれます。しかし、もしも喉が渇いてきたら、水よりも塩一つまみ、または、レモンの酸味のほうが唾液を出やすくしてくれます。

水やコップは必要ありません。その他、演壇を雑然とふさぐだけの、役にも立たない見苦しい邪魔物はいっさいいりません。

ブロードウェイのさまざまな自動車メーカーのショールームは美しく、整然としていて、目を楽しませてくれます。パリの大きな香水店や宝石店は芸術的で贅沢なつくりつけになっています。なぜでしょうか？　それが上手なビジネスのやり方だからです。人はそのような構えの会社に尊敬、信頼、感嘆の念を抱くのです。

同じ理由から、話し手は背景を心地よくさせなければなりません。私の考え方からすれば、理想的な配置は物をいっさい置かないということです。話し手の後ろや両側には、濃紺のビロードのカーテン以外、注意を引くものは何も置かないようにしましょう。

しかし、普通、話し手の後ろにはどんなものがあるでしょうか？　地図、掲示物、テーブル、それから、おそらくたくさんのほこりっぽい椅子が積み上げてあったりするでしょう。その結果はどうか。安っぽく、だらしのない、散らかった雰囲気が生まれます。ですから、余分なものはいっさい取り払ってください。

「パブリック・スピーキングで一番大切なものは、何といっても話し手だ」とヘンリー・ウォード・ビーチャー師は言っています。

ですから、スイスの青い空を背にそびえるユングフラウの、雪を頂いた峰の頂上のように、壇上には話し手だけがすっくと立っているようにしたいものです。

## ◉来賓を壇上に上げない

カナダのオンタリオ州のロンドンという町で、同国首相の演説を聞いていた時のことです。演説の最中に、長い棒を持った用務員が窓から窓へと移動しながら、部屋の換気をしはじめました。その時、何が起こったでしょうか？　聴衆は一人残らず、しばらくの間、話し手を無視して、まるで何かの奇跡でも見るように、その用務員の動作に見とれたのです。聴衆というものは動くものを見たいという衝動を抑えることはできない、あるいは、抑えようとはしないものなのです。このことを念頭に置いていさえすれば、話し手は面倒な手間をかけたり、不必要ないら立ちを覚えたりしなくて済みます。

まず第一に、話し手は、親指をくるくるまわすとか、自分の衣服をいじるとか、ちょっとした神経質な動きなどで、聞き手の気をそらすようなことはやめましょう。ニューヨークで、ある著名な話し手が、話をしながらテーブル・クロスをもてあそんでいるのを、聴衆が半時間もじっと見ていたことが思い出されます。

第二に、話し手は、できれば遅れて来た人が目に入って聴衆の気が散ることのないように、座席の配置を工夫しなければいけません。

第三に、来賓に壇上に上がってもらうことは避けましょう。二、三年前、レイモンド・ロビンズがブルックリンで幾晩か続けて講演をしたことがありました。他の大勢の人たちとともに、私も彼と一緒に壇上に並んで座るように言われました。しかし、私は話し手に対して失礼だからと断りました。最初の夜、私はこの来賓の多くが足を組み、それをしきりに組み替えているのに気づきました。来賓の一人が動くたびに、聴衆の目は話し手から来賓のほうにそれるのです。翌日、私はこのことをロビンズ氏に教えてあげました。その夜以後、壇上から来賓の姿は消えました。それこそ賢明な処置だったと言えるでしょう。

デイヴィッド・ベラスコは、注意を引きすぎるという理由で、ステージに赤い花を飾ることを許しませんでした。それなら、どうして話し手は自分が話をしている間、落ち着きのない人が同じ壇上で聴衆に向いて座ることを許さなければならないのでしょうか？　もちろん許すべきではないのです。そして、話し手が賢明なら、そんなことは当然許しはしないでしょう。

### ◉席につく技術

話をはじめる前から、話し手が聴衆のほうを向いて座っているというのは、やめたほうがいいのではないでしょうか。さっきまで目の前にいた人が演壇に上がるというより、はじめて登場という感じで聴衆の前に現われたほうがよいのではないでしょうか？

しかし、どうしても自分が話をする番になる前から聴衆のほうを向いて座っていなければならない時は、座り方に気をつけましょう。夜寝ようとしているフォックスハウンド犬のように、きょろきょろあたりを見まわして、椅子を探す人を見たことがあるでしょう。彼らは振り返って椅子の位置を確認すると、体を折り曲げ、砂袋のようにどさりと座ります。

座り方を知っている人なら、足の後ろの部分の感触で椅子の位置を確かめておいて、頭から腰までを楽に伸ばし、完全に体の安定を保ちながら椅子に沈み込みます。

### ◉落ち着くこと

先に、聴衆の注意を引きつけるから、衣服やアクセサリーをもてあそんではいけないと言いましたが、その理由はもう一つあります。気が弱く、自制心がないという印象を与えるからです。あなたにとって何のためにもならない動作は、すべてあなたを損なうことになります。害にも益にもならない動作など一つもないのです。ですから、じっと立って、自分の体をコントロールしましょう。そうすれば、そのことが精神的にコントロールができている、つまり落ち着いているという印象を聞き手に与えるのです。

いよいよ話をしようと立ち上がっても、あわてて話しはじめないことです。それでは素人丸出しになります。息を深く吸い込み、しばらく聴衆を見まわします。そして、もしも物音がしたり、ざわついたりしていたら、静かになるまで待ちましょう。

胸を張りましょう。しかし、これは聴衆の前に出てはじめてすることではありません。日常生活の中でいつも心がけているべきです。そうすれば聴衆の前でも無意識のうちに胸を張ることになるでしょう。

ルーサー・H・ギュリックはその著書『The Efficient Life（能率的な生活）』の中で次のように述べています。「十人のうち一人として、自分を一番よく見せるような姿勢をしている人はいない……首の後ろをワイシャツの襟にぴったり当てているべきだ」。彼は次のような体操を毎日するようすすめています。「ゆっくりとできるだけ強く息を吸い込む。同時に首の後ろをワイシャツの襟にしっかり押し当て、そのまま力を抜かずじっとしている。これは多少大げさに行なっても何ら害はない。その目的は、両肩の真ん中の部分をまっすぐに伸ばすことにある。これは胸郭を押し広げる効果がある」

手はどうすればよいでしょうか？　手のことは忘れましょう。両脇に自然にだらりと下がっていれば理想的です。もしも自分がバナナの房になったように思えても、誰かが少しでも注目しているとか、興味を持っているなどという妄想にとらわれてはいけません。手は力を抜いて体の両側に自然に下げている時、一番美しく見えるものです。その位置にあれば、少しも人の注意を引くことはありません。どんなにあら探しが好きな人でも、文句をつけることはできません。それに、思わず手ぶりをまじえたくなった時、何に妨げられることもなく、自由に身ぶりに入ることができます。

しかし、もしもあなたが非常に神経質で、知らず知らずのうちに手が後ろへ行ってしまうようなら、ポケットに突っ込んだり、テーブルの上に置いたりすれば、手のことがあまり気にならなくなります。あなたならどうしますか？　常識を働かせましょう。私は当代の大勢の名高い話し手の演説を聞いてきました。大部分とは言えないまでも、その多くは話をしながら、時おりポケットに手を入れます。ウィリアム・ジェニングス・ブライアンにチョウンシー・M・デピュー、セオドア・ルーズヴェルトもそうでした。ベンジャミン・ディズレーリのような好みのうるさい洒落男でさえ、この衝動には勝てなかったのです。しかし、そうしたところで、空が落ちてきたわけではないし、また、私の記憶に間違いなければ、天気予報どおり太陽は翌朝もいつもの時間に昇ったのでした。もし話すだけの価値のある何かがあって、相手も感染させるほどの信念をもってそれを語るならば、手や足で何をしていようと、きっと問題にはならないでしょう。頭がいっぱいで心が乱れていると、こういう二義的なこまごましたことが非常に重大なことに思えるのです。結局、話をする上で何よりも大切なことは、手や足の位置などではなく、その心理学的側面なのです。

## ◉身ぶりの名前で教えられる愚かで滑稽な仕草

こうなると、当然、次は非常に乱用される身ぶりというものについてお話ししなければなりません。パブリック・スピーキングについて私がはじめて教えを受けたのは、中西部のある大学の学長からでした。私の記憶では、この授業は主として身ぶりについてのものでしたが、それは何の役にも立たないばかりか、人を惑わせ、確実に害を及ぼすものでした。私は、腕の力を抜いて脇に垂らし、手のひらを後方に向けて軽く握り、親指が足に触れるようにしておくように教えられました。そして、腕を優雅なカーブを描きながら持ち上げ、手首を典雅に振り動かし、それからまず人差し指を、次に中指、薬指、小指の順に広げていく練習をさせられました。この審美的で装飾的な動きを済ませると、もう一度腕で同じような優雅で不自然なカーブを描き、再び両足の脇に戻すのです。これらの動作はすべてぎこちなく気どったものでした。深い考えやきちんとした目的など何もなかったのです。私は、正気な人なら誰でもついぞしたことのないようなことを練習させられたのでした。

私は、自分の個性を生かした動きや身ぶりをしたいような気持ちにさせてもらうこともなく、身ぶりを生き生きとした、自然に、知らず知らず自ずと動きとなって出てくるものにするよう教えられることもなく、自分を解放しろとか、固くなるな、慎みの殻を破れとか、人間らしい話し方や身のこなしを教えられることもありませんでした。すべての動きは、残念ながら、タイプライターのように機械的で、去年の鳥の巣のように生気がなく、人形劇の「パンチとジュディー・ショー」のように滑稽だったのです。

そのような馬鹿馬鹿しい道化じみたことが二十世紀になっても教えられてきたことは、信じがたいことのように思えます。しかし、ほんの数年前、身ぶりについての本が出版されましたが、その本は全編を通して人をロボットにすることを目指していて、この文章ではこの動作を、別の文章ではどの動作をしろ、これは片手で、これは両手で、これは高く、これは中ぐらいで、これは低く、この指はどう握る、あの指はどう握るといった具合です。授業の開始を待つ間、二十人の生徒が皆、そのような本から抜粋した、同じような美辞麗句を並べた演説を読んでいるのを目にしています。揃いも揃って、そっくり同じ言葉にそっくり同じ身ぶりがつき、同じように滑稽きわまりないものになっています。不自然で時間つぶしで、機械的で、また、これがもとでこの問題全体が多くの人の悪評を買っていることを思うと、有害でもあります。マサチューセッツ州の大きな大学の学部長が最近、こう述べました。「私の大学にはパブリック・スピーキング・コースは設けていない。実際に役立つもの、つまり、気の利いた話し方を教えているのを見たことがないからだ」。私もこの学部長の意見に賛成です。

身ぶりについて書かれたものの九割は紙とインクの無駄使い、いや、それよりもひどいものです。本で覚えた身ぶりはどんなものでもそういう傾向にあります。身ぶりは本を読んで覚えるものではなく、あなた自身、つまりあなたの心、頭、題材に対する関心、自分が理解したことを他人にも理解させたいという願い、つまりあなた自身の衝動から出てくるものなのです。価値のあるただ一つ、二つ、三つの身ぶりは、その場で突如として生まれるものなのです。一グラムの自発性は一トンの規則集と同じ重みがあるのです。

身ぶりはタキシードのように意のままに身につけられるものではありません。キスや腹痛、笑い、船酔いのように、体の内部の状態が表面に現われたものにすぎないのです。

また、人の身ぶりは、歯ブラシと同じように、その人だけのものでなくてはなりません。そして、人は皆違うのですから、その人の身ぶりも、ただ自然にするだけで、その人だけのものになるのです。

二人の人にまったく同じ身ぶりを練習させたりするべきではありません。あののっぽで不器用な思慮深いリンカーンに、早口でせっかちで洗練されたダグラス議員と同じ身ぶりをさせてみると想像してください。さぞかし滑稽なことでしょう。

リンカーンの伝記を書いた弁護士時代の同僚ハーンドンによれば、「リンカーンは手よりも頭で身ぶりをした。彼は頭を頻繁に使い、勢いよくこちらに、またあちらにと振り動かした。この動きは、彼が自分の言葉を強調しようとする時、重要な意味を持った。時には燃えやすい物体に電気の火花を当てたように、急にぴくっと動くこともあった。一部の演説家たちのように、手を派手に振りまわしたりはしなかった。彼はステージ効果を狙っていたわけではないのだ。……演説しながら体を動かしているうちに、その動きは自由な落ち着きのあるものに変わっていき、優雅と言ってもいいくらいだった。完璧な自然さ、つまり強烈な個性があって、それは威厳とも言えるものだった。派手なものや見せかけだけのもの、形式ばったものやごまかしを軽蔑した。……彼が聞き手の頭の中に自分の考えを打ち込もうとする時、右手の長い骨ばった指には、意味と強調の世界があった。時々、喜びや楽しさを表現するために、手のひらを上にして両手を約五十度の角度に持ち上げたものだ。まるで彼の愛するものの霊を抱き締めたいとでもいうように。奴隷制度を告発している時のように、大嫌いなものについて語っている時は、拳を固めて勢いよく振り上げた腕で宙を払い、最大の嫌悪感を表現した。これは彼の最も効果的な身ぶりの一つで、自分の嫌悪するものを引きずり下ろし、地面で踏みつぶしてやるのだという固い決意を最も明白に示すものだった。彼はいつも足の爪先を揃えて堂々と立ち、片足を前に出すようなことは決してなかった。何かをつかんでいたり、寄りかかっていることもなかった。立つ位置も姿勢もほとんど変わらなかった。わめき立てたり壇上を前や後ろに動くことも決してなかった。腕を楽にするために、親指を上にした左手で頻繁に上着の襟をつかみ、右手はいつでも身ぶりができるようにあけてあった」。シカゴのリンカーン公園に立つセント・ガウデンズ作の像は、そのようなリンカーンをまさにその姿でとらえたものです。

それがリンカーンのやり方でした。セオドア・ルーズヴェルトはもっと力強く、激しく、活気があり、顔全体に感情が満ちあふれ、拳は握られ、体全体がまるで感情を表現するための機械のようでした。ウィリアム・ジェニングス・ブライアンはよく、手のひらを広げて手をいっぱいに差し伸ばして感情を表現しました。ウィリアム・グラッドストンはよく、拳でテーブルや手のひらをたたいたり両足で床を踏み鳴らしたりしました。ローズベリー卿はいつも、右腕を上げ、それをすさまじい勢いで振り下ろしたものです。しかし、その前に、話し手の思想や信念には力がありました。身ぶりを力強く自然なものにしたのは、まさにそれだったのです。

自発性、生気、それらは行動の「最高善」です。エドマンド・バークは無骨で非常に不器用に身ぶりをしました。ウィリアム・ピットは「不器用な道化役者のように」両腕でのこぎりを挽くような動作をしました。ヘンリー・アーヴィング卿は片足が不自由だったので、その身ぶりは明らかに奇妙なものでした。マコーレー卿の壇上での動きはぎこちないものでした。ヘンリー・グラッタンもチャールズ・スチュアート・パーネルも同様でした。カーゾン卿は「議会での雄弁」と題する演説の中で次のように述べました。「そこで、答えは次のようなものと思われます。すなわち、偉大な話し手は自分独自の身ぶりをするものです。そしてまた、偉大な話し手は確かに立派な外観と優雅な動きに助けられはしますが、もしたまたま醜く、不器用であっても、そんなことはさほど重大ではないのです」

何年も前に、有名なジプシー・スミスの説教を聞きました。私は、何千という人をキリスト教徒に改宗させたこの人の雄弁ぶりに魅了されました。たくさんの身ぶりを使いましたが、自分が吸う空気と同様、それを彼は少しも意識していませんでした。理想的な身ぶりとはそのようなものなのです。

そして、このようにすれば、練習したり、これらの原則を当てはめたりしなくても、あなたは身ぶりをしようと思った時にはもうすでにしていた、というようになります。身ぶりのためのルールを示すことはできません。なぜなら、大切なのは話し手の気分や準備、意気込み、人柄、話の題材、聴衆およびその場の状況だからです。

## ◉役に立ちそうな提案

しかし、これから二、三、役に立ちそうなことをお教えしましょう。まず、同じ身ぶりを単調になるほど繰り返さないこと。次に、ひじから先だけを短く、ぴくっと動かさないこと。壇上では肩から腕全体を動かすほうが見ばえがします。第三に、あまり早く身ぶりを終わらないこと。あなたの考えを浸透させるために人差し指を使っているとしたら、一節話し終わるまで、自信をもってその身ぶりを続けましょう。途中でやめる人がよくいますが、それはよくある、しかもかなり重大な誤りです。そのためにあなたが強調したいことがゆがめられ、小さなことが取るに足りぬことに思われてしまい、それとの比較で、真に重要な点が些細なことに思われてしまいます。

実際の聴衆を前に演説をしている時は、自然に出てきた身ぶりだけをしましょう。しかし、練習中は、必要に応じて身ぶりを入れるように努力しましょう。努力して入れるようにすると、そうすることで刺激され、自覚が生まれ、間もなく自然に身ぶりが出るようになります。

さあ、本を閉じましょう。身ぶりは本を読んで学べるものではありません。教師が何を教えてくれようと、話している時のあなた自身の衝動のほうがはるかに信頼でき、価値があるのです。

身ぶりと話し方について、これまでお話ししたことをすべて忘れても、これだけは覚えておいてください。自分の話したいことにすっかり心を奪われていたり、自分の言いたいことを相手に伝えることに夢中で我を忘れ、無意識のうちに話したり、体を動かしたりしていれば、その身ぶりや話し方は、特に訓練を受けなくても、文句のつけようのないものになっているはずです。もし私の言うことが信じられないなら、誰かに近づいていっていきなりなぐり倒してみてください。彼がすっくと立ち上がってまくし立てる言葉は、雄弁の模範として完璧に近いものであるでしょう。

次に挙げるのは、話し方について、以前読んだものの中にあった言葉です。

樽を満たせ
栓を抜け
あとは成り行きまかせ

## ◈まとめ◈

一、カーネギー工科大学が行なった実験によれば、ビジネスにおける成功には、高度な知識よりも人柄が大きく関係しているようだ。この実験結果はビジネスだけでなく、スピーチにも当てはまる。ただ、人柄というのは漠然とした、とらえどころのない、不可思議なものであるから、どのように伸ばしていけばよいかを指導することは不可能だ。しかし、本章で示したいくつかの提案を参考にしてもらえば、話し手は最上の状態で聴衆の前に立つことができるだろう。

二、疲れた状態で話をしてはいけない。休息して元気を回復し、エネルギーを蓄えておこう。

三、話をする前は、食事を控え目に。

四、エネルギーを鈍化させるようなことは避ける。エネルギーは人を引きつける力だ。人は秋の小麦畑に群がる野鳥のように、エネルギッシュな話し手のまわりに集まるものだ。

五、身なりはきちんと魅力的に。よい服装をしているという意識は自尊心を高め、自信を増す。だぶだぶのズボンに磨いてない靴を履き、髪はぼさぼさ、万年筆や鉛筆が上着のポケットからのぞいていたり、ハンドバッグが醜くふくらんでいたりする話し手は、自分に対して敬意を抱いていないのも同じ。そういう人には聴衆も敬意を払わない。

六、笑顔。ここにいるのがうれしくてたまらない、と言いたげな態度で聴衆の前に出よう。

オーヴァストリート教授は言う。「類は友を呼ぶ。もし我々が聴衆に興味を抱けば、聴衆のほうもこちらに興味を持ってくれるだろう。多くの場合、話しはじめる前から、我々はすでに値踏みされているのだ。だからこそ、温かい反応を誘い出すような態度で聴衆には接しなければいけない」

七、聴衆を一カ所に固める。どんな集団でも、散らばって座っていてはなかなか心を動かさない。人は、満員の聴衆の一人としてなら、もし彼が単独で話しかけられていたり、あるいは大きな部屋に散らばって座っている聴衆の一人だったとしたら、疑問を抱いたり反発したりしたかもしれない話でも笑い、喝采し、賛意を表わすことだろう。

八、少人数の人を相手に話す時は、その人たちを小さな部屋に詰め込む。自分は壇に上がってはいけない。聴衆と同じ高さに立とう。形式にとらわれず、親しみを込め、会話口調で話そう。

九、部屋の中の空気を新鮮に保とう。

十、壇上を思い切り明るくしよう。自分の表情が聴衆からよく見えるように、明かりがまっすぐ自分の顔に当たるように立とう。

十一、物の陰に立ってはいけない。テーブルや椅子は片側に寄せよう。聴衆の気を散らすものや、壇上によく見かけるがらくたなどは取り除こう。

十二、壇上にいる来賓は必ずと言っていいほどよく身動きをするものだ。また、来賓がわずかでも動くと、そのたびに聞き手は必ずそちらに気をとられる。聴衆というものは、物、動物、人間を問わず、動いているものは見ないではいられないのだ。だから、自分から面倒の種をまいて、わざわざ競争相手をつくり出すようなことはやめようではないか。

# 第8章 スピーチのはじめ方

私はかつて、ノースウェスタン大学の元学長リン・ハロルド・ホフ博士に、講演者としての長い経験から学んだ最も重要な事柄は何かと尋ねました。しばらく考え込んだあとで、彼はこう答えました。「すぐさま聴衆の心をつかむ、印象的な最初の一言です」と。彼は講演に先立って、はじめと終わりの言葉を周到に準備しました。ジョン・ブライトをはじめウィリアム・グラッドストン、ダニエル・ウェブスター、リンカーンも皆同じことをしました。実際、常識と経験のある話し手は皆そうしています。

しかし、初心者はどうでしょうか？　めったにしません。そういう言葉を準備するには時間がかかるし、知恵をしぼらなければならないし、また、意志の力も必要です。考えるということは確かにつらい作業です。トーマス・エジソンはジョシュア・レイノルズ卿の次の言葉を書いて、自分の工場の壁に釘で打ちつけておきました。

人はあらゆる手段を使って、考えるという労苦を免れようとする。

初心者はいつも、いざとなれば名案がひらめくさ、と高をくっています。その結果、次の古謡のようなことになってしまいます。

誘惑と酒におぼれ、
道を誤る。

イギリスのノースクリフ卿は、しがない週給のサラリーマンから辛苦の末に身を起こし、大英帝国で最も富裕で影響力のある新聞社主になった人ですが、パスカルの次の言葉が、かつて読んだどんな言葉よりも自分の成功の助けになったと語っています。

先見は人を制す。

この言葉は、演説の準備をする時も座右の銘とすべき素晴らしいモットーでもあります。頭がすっきりしていて、自分が口にする一語一語をしっかり把握できるうちに、何と切り出せばよいか、あらかじめ心づもりをしておきましょう。また、最後にどんな印象を残せばよいかということも。もっとも自分の話のあとに、自分が残した印象を消してしまうような行事が控えていなければ、のことですが……。

アリストテレスの時代以来、演説についての本は、これを三つの部分、つまり序論、本論、結論に分けています。かなり近年まで、序論は多くの場合、だらだらとした要領を得ないものでした。また、その頃はそれでもよかったのでしょう。当時の演説家たちはニュースと娯楽の担い手でもあったのですから。百年前には、彼らは今日の新聞や雑誌、ラジオ、テレビ、映画館などのような、情報と娯楽の提供者である場合が多かったのです。

しかしその後、状況は驚くほど変わりました。世界は一変したのです。さまざまな発明がこの百年間に人々の生活の速度を速めました。それ以前の発明が、古代バビロニアのベルシャツァルやネブカドネザルの時代以来、あらゆる時代を通じて変化させてきた以上の変化をもたらしました。自動車、飛行機、ラジオ、テレビなどが次々と発明され、私たちは速くなる一方のスピードに合わせながら暮らしています。したがって、講演者たちも現代のこのせっかちな速度に合わせなければならないのです。もし序論を述べるのなら、宣伝広告文のように短くなくてはいけません。現代の平均的な聴衆の気持ちはだいたい次のようなものです。「何かおっしゃりたいのですか？　よろしい、うかがいましょう。さっさとはじめてください。できるだけ手短にお願いしますよ」

アメリカの第二十八代大統領ウッドロー・ウィルソンが議会で、潜水艦による戦いについての最後通告というきわめて重要な内容の演説を行なった時、論旨をはっきり告げ、次のようなきわめて簡潔な言葉で、聞き手の注意をその問題に集中させたのでした。

我が国の外交関係に一つの事態が発生しました。このことをきわめて率直にお知らせするのが私の明白な義務であると心得ます。

チャールズ・シュワッブがニューヨークのペンシルバニア協会で講演をした時、この講演の名手は二番目の文章で早くも話の核心に入りました。

現在、アメリカ国民が一番気にしているのは次の問題です。すなわち、今日の経済の落ち込みは何を意味するか、そして、将来の見通しはどうかということです。私個人としては楽観的な見方を……。

NCR（ナショナル金銭登録機）社のセールス・マネジャーが部下に訓示をした時も、このやり方でした。その冒頭には三つの文章しかありません。そのどれもが聞きやすく、いかにもやる気が起きそうな、迫力のある文章です。

注文を取って歩く君たちは、いわば工場の煙突の煙を絶やさないようにするのがその任務とされています。このふた夏に我が社の煙突から出た煙の量は、広範囲に立ち込めるほど多くはありませんでした。今や沈滞期は終わり、販売競争の季節がはじまりました。この点について、君たちに言いたいことはただ一つ。もっと煙突からのぼる煙を増やしてほしいということです。

しかし、無経験な話し手が普通、いきなりそんなふうに、たちどころに簡潔明瞭な冒頭の語り口を見事にやってのけられるでしょうか？　訓練を受けていない未熟な話し手の大半は、スピーチを二とおりのうちのどちらかのはじめ方で開始します。そのどちらもよくないのですが、これからそれについてお話ししましょう。

## ◉〝ユーモラスな話〟でスピーチをはじめるのは要注意

嘆かわしいことですが、なぜか初心者は面白おかしく話ができなくてはいけないと思っているようです。生まれつき百科事典のように生真面目で、まったく面白みに欠ける人が、話をしようと立ち上がったとたん、マーク・トウェインのユーモア精神が乗り移ったような気がする（というより、そういう気にならなければいけない）と思い込むのです。そこで彼は、はじめにまずユーモラスな話がしたくなります。特に食後のテーブル・スピーチの時などにそういう傾向が現われるようです。そこで何が起こるでしょうか？　まず間違いなく、この新米演説家の語り口は辞書よりも重くなります。彼の話が「受ける」見込みもまずありません。不朽の名作『ハムレット』の不滅の言葉の中で、それが「退屈で陳腐で、味もそっけもなく、何の役にも立たない」ことが実証されています。

もしも本職の芸人が入場料を払って入った聴衆の前でこの手の失敗を繰り返せば、聴衆は不満の野次を飛ばし、「お前なんかクビだ！」とどなるに違いありません。しかし、スピーチに耳を傾けているのはたいていい心優しい人たちなので、まったくのお情けで、何とか二、三回はくすくす笑ってくれます。しかし、心の奥底では、ユーモラスな話し手になったつもりのこの人を哀れんで、居心地の悪い思いをしているのです。あなたもこういう大失敗を何度も目撃しているのではありませんか？

スピーチをするにはいろいろな能力が求められますが、聴衆を笑わせる能力ほど、身につけるのが困難で、しかもめったに身につかないものが他にあるでしょうか？　ユーモアというのは一触即発の妙が命です。それは個性、つまり語り手の人柄の問題なのです。

話のおかしさだけが笑いを誘う、ということはめったにないことをよく覚えておいてください。人を笑わせるのに成功するかどうかは、話し方によります。マーク・トウェインを有名にしたのとまったく同じ話をしても、百人のうち九十九人までがみじめな失敗に終わることでしょう。リンカーンがイリノイ州の第八司法区にある居酒屋で何度も繰り返したという話。人々が何マイルもの道のりを物ともせずにやってきては、夜通し起きて聞いていたという話。目撃者の話によれば、時には地元の人がそれを聞いて「拍手喝采して総立ちになり、腰かけていた椅子から転げ落ちた」という話。そういった話を読んでみてください。そういう話を家族に読んで聞かせて、少しでも笑わせることができるかどうか試してみてください。たとえば、ここにリンカーンがいつも拍手喝采を浴びた話があるとします。挑戦してみたらどうですか？　でも、聴衆の前ではなく、お一人でどうぞ。イリノイ州の大草原のぬかるみ道を通って家に帰ろうとして、すっかり遅くなった旅人が、嵐に遭いました。墨を流したように真っ暗な夜で、天のダムが決壊したのかと思えるほどのどしゃ降りでした。まるでダイナマイトが爆発したように、雷が険悪そうな雲を引き裂きました。連続する稲妻は、木が次々倒れていることを示していました。その轟音が間近に聞こえ、耳をつんざくばかりです。雷鳴は、この哀れな男が生まれてこのかた聞いたことがないほど、すさまじく恐ろしいものになっていきます。ついに男はひざまずきました。いつもはお祈りなどしないのですが、あえぎながらこう言いました。「神様、もし差し支えなければ、明かりをもうちょっと増やし、音をもうちょっと減らしてくださいまし」

あるいはあなたは幸運にもユーモアの才能に恵まれた数少ない人の一人かもしれません。もしそうなら、ぜひともその才能を伸ばしてください。どこへ話をしにいこうと、あなたは大歓迎されるでしょう。しかし、もしもあなたの才能が別の方面にあるなら、チョウンシー・M・デピューの衣鉢《いはつ》を継ごうなどと考えるのは愚かというものです。それにデピューこそいい迷惑ではありませんか。

もしあなたがチョウンシー・M・デピューやリンカーン、ジョブ・ヘッジズたちの演説を研究すれば、彼らが特に冒頭では、あまり小話はしていないことに驚かれるでしょう。エドウィン・ジェイムズ・キャッテルは私に次のように打ち明けてくれました。ユーモアのためだけに面白い話をしたことはない。するとしたら題材に関連した、論旨を明確にするためのものでなければいけないと。ユーモアはケーキの上の粉砂糖や間にはさまったチョコレートにすぎません。決してケーキそのものではないのです。アメリカきってのユーモラスな話し手ストリックランド・ギリランは、最初の三分間は小話をしないことにしていました。彼がそれを賢明なやり方だと思っていたのなら、私たちもそれを見習おうではありませんか。

では冒頭の言葉は重々しく、どっしりした、いかめしいものでなくてはいけないでしょうか？　決してそのようなことはありません。できればその土地にまつわる話、時の話題、あるいは他の話し手の噂話などで、聴衆の笑いの虫をくすぐってください。どこかつじつまの合わないところに目をつけ、そこを強調するのです。そういう自分独自のユーモアは、コメディ映画の「パットとマイク」とか、姑や山羊などにまつわる陳腐な冗談よりも、はるかに成功の確率が高いのです。

人を笑わせる一番簡単な方法は、おそらく、自分自身を笑いの種にすることでしょう。滑稽でみっともない状況にある自分自身の様子を面白おかしく話すのです。それこそはユーモアの真髄に迫るものです。エスキモーにかかると、人が足の骨を折ったことさえ笑いの種になります。中国人は、犬が二階の窓から落ちて死んだのがおかしいと言ってくすくす笑います。私たちはそういうことに対してもう少し同情的ですが、そういう私たちだって、帽子を追いかけている人やバナナの皮で滑って転んだ人を見ると、つい口元がゆるんでしまわないでしょうか？　一緒にはできないような事柄や特性を十把ひとからげにすることで聴衆の笑いを誘うことなら、たいてい誰にでもできます。たとえば、ある新聞記者が自分は「子供と下らない話と民主党員が嫌いだ」と言ったという話などがそれです。

イギリスの詩人で作家のラドヤード・キプリングが政治講演をした時、聴衆を笑わせたこの気の利いた出だしに注目してください。彼はここで、つくり話ではなく、彼自身の体験を語り、その中の奇妙な取り合わせを面白おかしく強調しています。

ご来場の皆さん、私はインドで過ごした青年時代、新聞社に勤め、犯罪記事を書いていました。それは面白い仕事でした。偽金づくりや横領犯、殺人犯など、その道のやり手の面々を私に引き合わせてくれたのですから（笑い）。時には、そういう連中の裁判記事を書いたあとで、服役中の（訳注＝原文はdoing their sentencesで「服役する」と「自分の文章をつくる」の二重の意味をかけている）我が友人たちに会いに、刑務所へ出かけていったものです（笑い）。殺人を犯しながら無期懲役で済んだ男のことは忘れられません。彼は頭のよい、弁の立つ男で、私にいわゆる身の上話を聞かせてくれました。彼いわく「嘘じゃありませんよ。いったん道を踏み外してからというもの、次から次へいろんな目に遭って、気がついたら、もうまっとうな道に戻るには、誰かに消えてもらうしかないところまで来てたってわけで……」（笑い）。ところで、この言葉はまさに、この国の内閣の現状をぴたりと言い当てているではありませんか（笑いと拍手喝采）。

メトロポリタン生命保険会社の重役連中が集まる年に一度の晩餐会で、アメリカの第二十七代大統領ウィリアム・ハワード・タフトは挨拶の冒頭に、次のような軽いユーモアを利かせました。ユーモラスであるのに加えて、聴衆へのほどよいお世辞にもなっているところが見事です。

メトロポリタン保険会社の社長、並びに同社の皆さま――

九カ月ほど前に私は郷里で、ある紳士のテーブル・スピーチを拝聴しました。その方はスピーチをすることに不安を覚え、あらかじめ友人に相談されたそうです。その友人はテーブル・スピーチの経験が豊富で、こういう助言をしてくれたそうです。つまり、テーブル・スピーチの最高の聞き手は、聡明で教養があり、しかも半分酔っ払っている人たちだと（笑いと拍手）。さて、私に申し上げられることはただ一つ。今日お集まりの皆さんこそ、テーブル・スピーチの聞き手として最高の方々だということであります。と申しても皆さんが〝半分酔っ払って〟おられるというわけではありません。この第三の要素は欠けております。でも、それを補ってあまりあるものを皆さんはお持ちです（拍手）。それは何か？　私はこう思うのです。それはメトロポリタン生命保険会社のスピリット（訳注＝「精神」の他に「酒」の意味もある）である、と（鳴りやまない喝采）。

## ◉おわびの言葉ではじめてはいけない

演説の冒頭で初心者が犯しやすい第二のひどい間違いはこれ、つまり、わびることです。「私はその任ではありません……準備もしてなくて……何も申し上げるようなことは……」決して、決して、そのようなことを言ってはいけません。それでは、キプリングの詩の冒頭の一節にあるように、「これ以上進む必要はない」ではありませんか。話し手がそういうはじめ方をすると、聴衆はそのとおりの気分になってしまいます。

いずれにしても、準備していなければ、あなたがそう言わなくても誰かが気づくでしょう。でも、気づかない人もいるかもしれません。それなのに、どうしてわざわざ注意を喚起するのでしょう。準備をするほどの値打ちはない、あり合わせの話で済ませておこうと思った、などと言って聴衆を侮辱する必要がいったいどこにあるでしょうか？　もうたくさん。言いわけは聞きたくありません。聴衆は何かを新しく知り、何かへの興味をかき立てられるために聞きに来ているのです。そうです。興味をそそられるために、です。そのことを忘れないようにしましょう。

聴衆の前に出れば、当然あなたは嫌でも皆の注目を浴びます。その後五秒くらいはどうにかその状態を保つことができるでしょう。しかし、そのあとの五分間となると、なかなかそうはいきません。いったん注目してもらえなくなったら最後、元に戻すには倍の努力を要します。そこで、最初に何か面白いことを言うのです。二番目でもなく、三番目でもなく、最初に。必ず最初に！

「どうやって？」と思われるでしょう。確かに多少無理な注文かもしれません。また、それをお教えしようとしても、持ってまわったわかりにくい説明になってしまうだけでしょう。なぜなら、すべてはあなた自身やあなたの聴衆、話の主題、内容、その場の状況などによって大きく変わってくるからです。しかし、本章の残りの部分で、例を挙げながら述べるちょっとしたアイディアを読んでいただければ、何か役に立ちそうなヒントを手にすることと思います。

## ◉好奇心をかき立てる

次に紹介するのはハウエル・ヒーリー氏がフィラデルフィアの「ペン・アスレティック・クラブ」で挨拶をした時の冒頭の言葉です。お気に召しましたか？　すぐに興味を覚えられましたか？

八十二年前のちょうど今時分、ロンドンで小さな本が発行されました。後世不朽の名作とうたわれる小説です。多くの人がその本を「世界一偉大な、小さな本」だと言いました。その本がはじめて書店に現われた時、ストランド街やペルメル街で知り合いに会うと、お互いに尋ね合ったものです。「例の本を読まれましたか？」。すると、その答えは必ずこうでした。「もちろんですとも、作者に神のお恵みのあらんことを」

出版されたその日に一千冊が売れました。半月のうちに一万五千冊も売れました。その後、数え切れないほど版を重ね、世界中のあらゆる言語に翻訳されました。二、三年前、アメリカの大富豪J・P・モルガンがその初版本を途方もない値段で買いました。その初版本は現在、ニューヨーク市の、モルガンが自分の書斎だと言っている立派な美術館に、その他の値踏みもできないような貴重な品々とともに展示されています。

この世界的に有名な本とは何でしょうか？　ディケンズの『クリスマス・キャロル』なのです……。

うまいはじめ方でしょう。引きつけられ、話が進むにつれてますます興味が湧いてくるでしょう。なぜか？　それは、あなたの好奇心をかき立て、最後まで気をもませるからではないでしょうか。

好奇心――この好奇心というものに動かされない人がいるでしょうか。私は森の中で鳥が、まったくの好奇心から、私の様子をうかがって何時間も飛びまわっているのを見たことがあります。アルプスの高地でシーツにくるまって這いまわり、好奇心を起こさせてカモシカをおびき寄せる猟師を知っています。犬には好奇心があります。猫もそうです。我が「ヒト属」も含め、あらゆる種類の動物が好奇心を持っています。

ですから、最初の一言で聴衆の好奇心をかき立てましょう。そうすれば興味を持って聞いてもらえること請け合いです。あのアラビアのロレンスの冒険について話をする時、私はいつもこんなふうにはじめたものです。

ロイド・ジョージは言っています。「ロレンス大佐は近年まれに見るロマンチックで絵になる人物だと思う」と。

この冒頭の言葉には利点が二つありました。まず第一に、著名人の言葉は常に耳目を引きつけるということ。第二に、その言葉が好奇心をかき立てることです。「なぜロマンチックなんだろう?」「そんな名前、聞いたことがないなあ……何をした人なんだろう?」と当然不思議に思います。そして「なぜ絵になるんだろう?」と。

ローウェル・トーマスがこの〝アラビアのロレンス〟ことトーマス・ロレンス大佐について語る時は、次のようにはじめます。

私はある日エルサレムのクリスチャン通りを歩いていて、一人の男に出会いました。その男は東洋の君主が身につけるような豪華な衣服をまとい、腰には預言者ムハンマドの子孫だけに許される、弓なりの黄金の剣を提げていました。しかし、この男にはアラブ人らしいところはまったくありませんでした。目が青かったのです。アラブ人の目は必ず黒か茶色です。

こうなると好奇心がそそられるでしょう。もっと聞きたくなります。それは誰なんだろう？　どうしてアラブ人の格好をしているんだろう？　その男は何をしたんだろう？　その後どうなっただろう？　という具合に。

いきなり次のような質問でスピーチをはじめた受講生がいました。

世界の十七カ国に今もなお奴隷制度があることをご存じですか？

好奇心どころか、聞き手はびっくり仰天しました。「奴隷制度だって？　今どき？　十七カ国だって？　信じられないなあ。どこの国のだろう？　いったいどこなんだ？」

はじめに効果的な言葉で好奇心をかき立て、そのわけを聞きたい気持ちにさせるという手もあります。たとえば、ある受講生は、いきなりこんな途方もないことを言いました。

最近どこかの議会で議員の一人が立ち上がり、学校の建物から二マイル以内でオタマジャクシがカエルになることを禁止する法案を通過させるよう提案しました。

聞いた人は思わず笑ってしまうでしょう。この人は冗談を言っているのだろうか？　何て馬鹿馬鹿しい。本当なんだろうか？　その疑問に答えるように、「本当なんです」と彼は話を続けたのでした。

「ギャングたちとともに」と題するサタデー・イブニング・ポスト誌の記事はこういう出だしです。

ギャングは本当に組織されているのだろうか？　一応組織されていることになっている。でも、どのように？……

たったこれだけの言葉でこの記事の筆者は問題点を指摘しています。それについて何かを語り、ギャングがどのように組織されるかに読者の好奇心をかき立てています。実に見事というほかはありません。人前で上手に話ができるようになりたいと憧れる人はすべて、雑誌記者が読者の関心をたちどころにつかむために駆使する技を学ぶべきです。スピーチをどうはじめるかを学ぶには、演説集を読むよりも、そのほうがよほどためになります。

## ◉ちょっとした話ではじめてみる

私たちはとりわけ、話し手の体験に基づいた話を聞きたいものです。ラッセル・H・コンウェルは「Acres of Diamonds（山のようなダイヤモンド）」と題する講演を六千回以上行ない、それで何百万ドルという講演料を手にしています。この素晴らしい人気を誇る講演は、どのようにはじまるのでしょうか？

一八七〇年に私たちはチグリス川を下りました。バグダッドでガイドを雇い、その案内でペルセポリス、ニネベ、バビロンへと旅を続けました……

こんな出だし、一つのちょっとした話で彼の講演がはじまります。それが関心をとらえる秘密なのです。こういうはじめ方をすれば、ほとんど成功間違いなし。まず失敗する恐れはありません。ぐいぐい聞き手を引っ張っていきます。聞き手はそれについていきます。何が起こるか知りたくてたまらないのですから。

ちょっとした話でスピーチをはじめるというこの手法は、本書第3章の冒頭で使ったものです。

次に紹介するのは、サタデー・イブニング・ポスト誌に掲載された二つの話の冒頭の部分です。

一、拳銃の鋭い発射音が静けさを破った。

二、事件そのものは些細なものだが、事と次第によっては、それだけでは済みそうにない。この事件は七月の第一週にデンバーのモントビュー・ホテルで起こった。駐在マネジャーのゲーベルは不審を抱き、このホテルの他にも数カ所の系列ホテルのオーナーであるスティーヴ・ファラデーに相談した。おりよくスティーヴが事件の二、三日後、真夏の視察旅行の途次、当ホテルに立ち寄ったからである。

この二つの導入部には仕掛けがあることに注目してください。そのどちらも何かを開始させます。好奇心を起こさせます。読み続けたい、もっと知りたい、何のことかすべて知りたいと思わせるのです。

経験の乏しい初心者でも、このような、ちょっとした話でスピーチをはじめる技術を駆使し、聞き手の好奇心をかき立てるなら、何とか出だしで成功することができるものです。

## ◉具体的な例を引いて話しはじめる

普通の聴衆にとって、抽象的な話に長い間つきあわされるのは骨が折れるし、つらいものです。その点、具体的な話だったら、ずっと聞きやすく、理解しやすくなります。ならば、そういう具体的な話からはじめたらどうでしょうか？　いつも指導していて思うのですが、受講生はなかなかそれがわかりません。どういうわけか、彼らはまず一般的なことをいくつか話さなければいけないと思うようです。そんな必要はまったくありません。まず具体的な話で聞き手の興味を起こさせましょう。それから一般的な話に入るのです。このやり方について具体的に知りたいなら、第6章の最初の部分に戻ってみてください。

ところで、今あなたが読んでいる本章のはじめでは、どういう技術が使われていましたか？

### ◉何か品物を見せる

聞き手の注意を引きつける一番簡単な方法は、おそらく、何かを高く掲げてそれを見てもらうことでしょう。幼児、ペットショップの猿、通りを歩いている犬でも、その種の刺激には注意を向けます。最高に上品な聴衆にも効果があります。たとえば、フィラデルフィアのS・S・エリス氏は親指と人差し指で硬貨をつまみ、それを高く上げて話しはじめました。「歩道でこういう硬貨を見つけた方はいらっしゃいませんか？　この硬貨を見つけた幸運な方は、これこれの造成地が一区画ただでもらえるという広告が出ています。広告主のところへ行ってその硬貨を見せるだけでいいそうです」。こう言ったあと、エリス氏は、そのようなまやかしの、倫理にもとる商法を非難する方向へと話を進めていったのでした。

## ◉何か質問をする

エリス氏の話のはじめ方でもう一つ優れている点は、まず質問をしていることです。聴衆に話し手と一緒に考えてもらい、協力してもらっています。先ほどのサタデー・イブニング・ポスト誌のギャングについての記事が、最初の三つの文章の中の二つの質問ではじまっていることに注目してください。「ギャングは本当に組織されているのだろうか。されているとしたら、どのように？」と。

この〝質問〟という鍵を使うことは、聴衆の心を開いて入っていくには最も簡単で確実な方法です。他の方法でうまくいかない時は、いつもこの手を使えばよいのです。

## ◉誰か著名人が発した質問を話の出発点にしてみる

著名人の言葉には常に人を引きつける力があります。ですから、一番うまいやり方は、スピーチの出だしにそういう言葉をうまく引用することです。次に挙げるのは経営戦略についての討論の出だしの部分ですが、いかがでしょうか？

「世界がお金と名誉の両方を賞として与えるものはたった一つしかない」とエルバート・ハバードは言っています。「それはイニシアチブだ。では、イニシアチブとはいったい何か？　誰からも指図されることなしに正しいことを自分からやる、ということだ」と。

出だしの言葉として、これには優れた点がいくつかあります。まず最初の文章が好奇心をかき立てます。それは私たち聞き手を前へ前へと押します。私たちはもっとその先が聞きたくなります。「エルバート・ハバードは言っています」と言ってから巧みに言葉を切れば、聞き手は気になります。「そんなすごい賞がいったい何に対して与えられるんだろう？」と知りたくなります。早く教えてくれ、賛成はできないかもしれないが、とにかくあなたの意見を聞かせてくれ……と。二番目の文章は聞き手を問題の核心へとまっすぐ導いていきます。三番目の文章は質問で、これは、聴衆を議論に参加させ、考えさせ、ちょっとしたことでもいい、何かするよう促しています。そして、聴衆というものは何かをするのが大好きなんです。四番目の文章は「イニシアチブ」という語を定義づけています……。このあと話し手は「イニシアチブ」の具体例を示す人間味あふれる話に入っていったのでした。演説の構成に関する限り、あのアメリカの会衆派伝道者ムーディも、このハバードの言葉を冒頭に引用したスピーチを、一級品として格づけしたかもしれません。

## ◉聞き手の最大の関心事と結びつくように話を持っていく

聞き手が個人的に関心を持っていることに結びつくような話題から話しはじめる。それが一番よいはじめ方です。これなら確実に関心を引きます。誰しも自分に重大な関わりのある問題については大きな関心を持つものです。

そんなことは常識ではないでしょうか？　しかし、誰もあまり実行しようとはしません。たとえば、私はある話し手が定期健診の必要性について話しはじめるのを聞きました。どういうふうにはじめたと思われますか？　最初に「長寿研究所」の歴史を述べて、その組織と活動状況を紹介したのです。何というまずいやり方でしょう。聞き手は何かの施設がどこにあって、どんな組織になっていようと、そんなことにはまったくこれっぽっちも関心がないのです。彼らにとっての最大の関心事はまったくあきれ返るぐらい、そして永久に、自分自身のことなのですから。

誰でも最大の関心事は自分自身のことだ、というこの根本的事実をどうして認めないのでしょうか？　その「長寿研究所」なる施設が、聞き手と非常に深い関わりをもっていることをどうして示さないのでしょうか？　どうしてそういう話からはじめないのでしょうか？　「生命保険の算定表では、あなたの推定寿命は何年になっていると思われますか？保険統計学者の用語に従えば、あなたの予測寿命は、八十からあなたの現在の年齢を引いた残りの年数の三分の二です。たとえばあなたが現在三十五歳であれば、現在の年齢と八十歳との差は四十五ですから、その三分の二、つまりあと三十年は生きられるということです。でも、それだけ生きれば十分ですか？　いいえ、とんでもない。誰だってもっと長生きすることを熱望しています。しかし、そのような算定表は何百万にものぼる実績に基づいたものです。では、私たちにはその実績に打ち勝てる望みはあるのでしょうか？ あります。病気に対する適切な予防措置を講じればです。しかし、それにはまず、徹底した健康診断を受けなければなりません……」

こう話したあとで定期健診の必要性を詳しく説明すれば、聞き手はそのための設備を整えた施設に関心を持つでしょう。しかし、いきなり他人事のようにそんな施設の説明をはじめたのでは、聞き手には何の興味も湧かず、退屈このうえないことになってしまいます。

もう一つ例を挙げましょう。ある受講生が我が国の森林保護の差し迫った必要性について話しはじめました。その出だしはこうでした。「我々は、アメリカ人として、自国の天然資源に誇りを持つべきです……」。それから彼は私たちが恥知らずな、弁解の余地のない勢いで木材を無駄使いしているという実例を示していきました。しかし、出だしがよくありませんでした。あまりにも一般的で、漠然としています。これでは聞き手はその話題が自分たちにとって重大問題であるとは思いません。聴衆の中に一人の印刷業者がいました。我が国の森林破壊はやがて彼の仕事に直接影響を及ぼすことになるでしょう。銀行家も一人いました。彼にもやがて影響が及び、ひいては我が国全体の繁栄がおびやかされることになるでしょう。さらにまた……。では、こんなふうにはじめてみてはいかがでしょう。

「これからお話しする問題は、皆さんのお仕事に関係のあることです。アップルビーさんのお仕事にも、そしてそこにいらっしゃるあなた、ソールさんのお仕事にも。実際、私たちの口にする食べ物の値段にも、家賃の額にも多かれ少なかれ影響してくるのですよ。私たち皆の幸福と繁栄をおびやかすのです」

これは森林保護の重要性を誇張していることになるでしょうか？　いいえ、私はそうは思いません。これは「絵を大きく描いて、注意しないではいられないようにしなさい」というエルバート・ハバードの指示に従っただけのことです。

## ◉ショッキングな事実は注意を引きつける力を持っている

ある有力な定期刊行物の創始者S・S・マクルーアは言いました。「優れた雑誌記事はショックの連続だ」と。

それは私たちを白昼夢から揺り起こします。私たちの心をとらえ、問題に注目させずにはおきません。いくつか実例をお目にかけましょう。アメリカの東部にあるボルティモア市のN・D・バランタイン氏は、「ラジオの素晴らしさ」と題するスピーチを次のようにはじめました。

ニューヨークでハエが窓ガラスの上を歩く音をラジオで放送し、その音を中央アフリカで、まるでナイアガラの滝のような轟音にして鳴り響かせることができることをご存じですか？

ハリー・G・ジョーンズ社の社長ハリー・G・ジョーンズ氏は「犯罪の現況」と題する講演を次のような言葉ではじめました。

当時、合衆国最高裁判所の長官だったウィリアム・ハワード・タフトは言いました。「我が国の刑法の運用の仕方は文明の面汚しであります」と。

この一節には二重の利点があります。ショッキングな出だしであることと、そのショッキングな言葉がその道の権威によって語られているということです。

国際的な奉仕クラブ「オプティミスト（楽天主義者）・クラブ」のフィラデルフィア支部元会長ポール・ギボンズ氏は「犯罪」と題するスピーチを次のようなショッキングな言葉ではじめました。

アメリカ国民は世界最悪の犯罪者の集まりです。こんなことを言うとびっくりされるでしょうが、事実なのです。オハイオ州クリーブランド市にはロンドン全市の六倍もの殺人犯がいます。人口比にすると、窃盗犯はロンドンの百七十倍にのぼります。クリーブランドで発生した窃盗や強盗の件数は、毎年イングランドとスコットランドおよびウェールズで発生する総件数を合わせたよりも多いのです。セントルイスでは毎年、イングランドとウェールズでの総件数を上まわる数の殺人事件が起きています。ニューヨーク市の殺人件数はフランス全土やドイツ、イタリア、イギリス全土などのそれぞれ一国全体の件数を上まわっているのです。なぜこんな情けないことになっているかと言えば、犯罪者が罰せられていないからです。たとえあなたが殺人を犯したとしても、死刑になる確率は百分の一以下です。平和な市民としてのあなたががんで死ぬ確率は、仮にあなたが人をピストルで撃ち殺して絞首刑にされる確率の十倍も高いのです。

この出だしは成功しています。なぜなら、ギボンズ氏の言葉の背後には、この種の話に欠かせない力強さと熱意が込められているからです。だからこれらの言葉は生き生きと息づいているのです。私は、別の何人かの受講生が同じような実例を引いて犯罪の現状を話しはじめるのを聞きました。しかし、出だしの言葉が月並みでした。なぜでしょうか？　単なる言葉の羅列にすぎなかったからです。スピーチを構成する技術は完璧でしたが、気迫に欠けていました。出だしの話し方の拙さが、それぞれの話全体を迫力のない、つまらないものにしていたのです。

## ◉一見何げない出だしの効用

次のようなスピーチのはじめ方はどこがよいと思われますか？　その理由は？

メアリー・E・リッチモンド女史が「ニューヨーク婦人有権者連盟」の年次総会で演説

しています。未成年者の結婚を禁止する法律が制定される以前のことです。

昨日、ここからさほど遠くない町を電車で通りながら、そこで二、三年前に行なわれた結婚式のことを思い出しました。この国ではこの他にも性急で悲惨な結果に終わった結婚が数多く行なわれておりますので、今日のお話はこの具体例を詳しくお話しすることからはじめさせていただこうと思います。

その町の十五歳になる一人の女子高校生が、近くの大学の一年生とはじめて知り合ったのは、十二月十二日のことでした。その大学生はちょうど成人に達したばかりでした。知り合ってわずか三日目の十二月十五日、二人は結婚許可証を手に入れました。少女が十八歳と偽って。だから、両親の許可を得る必要はないとして宣誓をしたのです。その結婚許可証を持って市役所を出ると、すぐに司祭（少女はカトリック信者でした）に式を挙げてくれるよう頼みました。しかし、まことに正当にも司祭はそれを拒否しました。何かのルートで（たぶんこの司祭から聞いたのでしょう）、この結婚の企てが母親の耳に入りました。しかし、母親が娘を見つけ出す前に、治安判事が二人を結婚させてしまったのです。新郎は新婦をホテルに連れて行き、そこで二人は二日二晩を過ごしました。そのあげくは、彼は彼女を捨て、二度と一緒に暮らしませんでした。

私個人としては、この出だしがとても好きです。何よりも最初の一言が効いています。

これから興味深い思い出話がはじまることを予感させ、詳しい話を聞きたい気持ちにさせます。聞き手はこの人間味あふれる話をじっくり聞いてみようという気になります。それに加えて、とても自然です。小難しい話がはじまるという印象を与えず、形式ばったところもなく、苦心の跡を感じさせません。「昨日、ここからさほど遠くない町を電車で通りながら、そこで二、三年前に行なわれた結婚式のことを思い出しました」。自然で、無理がなく、人間味あふれる響きです。一対一で楽しい話をしているような感じです。聴衆はそういう話が好きなのです。逆に、聴衆というものはあまりにも入念に仕上げられた話、つまりわざわざ準備したことが見え見えの話には、尻込みするものです。私たちが求めているのは技巧を感じさせない技巧なのです。

## ◈まとめ◈

一、スピーチは出だしが難しい。また、非常に重要でもある。なぜなら、はじめのうちは聞き手の頭も冴えていて、比較的印象を受けやすいからだ。成り行きにまかせるのは危険、前もって周到に準備しておくべきだ。

二、前置きは短いに限る。文章一つないし二つで十分。場合によってはまったく省略してもかまわない。できるだけ少ない言葉で題材の核心に突入するのがよい。それに異論を唱える者などいない。

三、初心者ははじめにユーモラスな話をしようとしてみたり、おわびの言葉を述べたりしがちだが、どちらも普通は感心しない。まれにユーモラスな話を披露して成功する人がいるが、そういう人はごくごく例外。普通は聞き手を楽しませるより、むしろ当惑させることになる。何か話すとしても、意味もなくだらだらと話すのではなく、本題に関連した話をしよう。ユーモアはケーキの上に振りかけた粉砂糖であって、ケーキそのものではない。決して言いわけをしてはいけない。聴衆に対して失礼であるし、うんざりさせてしまう。言おうとすることを単刀直入にさっさと話すに限る。

四、聴衆の注意を即座に引きつけるには、

(a) 好奇心を起こさせる（例・ディケンズの『クリスマス・キャロル』についての話）。
(b) 人間味あふれる話をする（例・講演「山のようなダイヤモンド」）。
(c) 具体例を挙げる（この本の第6章の出だしの部分を参照）。
(d) 何か品物を使う（例・それを拾った人はただで土地がもらえるという硬貨）。
(e) 何か質問をする（例・「皆さんの中に、歩道でこういう硬貨を見つけた方はいらっしゃいませんか？」）。
(f) 何か印象的な言葉を引用する（例・「イニシアチブの価値」についてのエルバート・ハバードの話）。
(g) その話題が聴衆の重大な関心事に影響があることを示す（例・「あなたの予測寿命は八十からあなたの現在の年齢を引いた残りの年数の三分の二です。定期健診を受けることによってそれを延ばすことができます」など）。

(h) ショッキングな事実についての話からはじめる（例・「アメリカの国民は文明社会の中で最悪の犯罪者の集まりです」）。

五、形式ばりすぎるはじめ方はよくない。堅苦しい話を避け、気楽で、さりげない、自然な印象を与えるようにする。そのためには、今起こったばかりの出来事や、聞いたばかりの話を取り上げるとよい（例・「昨日、ここからさほど遠くない町を電車で通りながら、こんなことを思い出しました」）。

# 第9章 スピーチの終わり方

経験のあるなしや上手下手がはっきりとわかるのは、スピーチのどのあたりだと思いますか？　それは、はじめと終わりです。演劇の世界には、もちろん俳優についてですが、こんな古い言い伝えがあります。「登場する時と退場する時を見ればわかる」

はじめと終わり――どんなことにしろ、そつなくこなそうとすると、これほど難しいものはありません。たとえば、社交的な集まりなどでも、入場と退出を優雅にするのは至難の業ではないでしょうか？　商談をする場合でも、上手に交渉に入るのと、最後にうまく話をまとめるのが一番難しいのではないでしょうか？

スピーチの終わりは実際、全体を通して一番の腕の振るいどころです。人が最後に言ったこと、つまりは最後の一言は、スピーチが終わったあとも耳に響いているものです。いつまでも長く記憶されやすいのです。それこそ自分を印象づける絶好のチャンスなのに、初心者にはそれがよくわかっていないため、その終わり方はお世辞にも立派なものとは言えないことが多いのです。

初心者が最も犯しやすい過ちは何でしょうか？　それを少しお話しして、対策を考えることにしましょう。

まず、こういう言葉で終わる人がいます。「この点についての私の話はこれだけです。ではこのあたりで終わろうと思います」。これは終わりの言葉ではありません。こういう終わり方は間違っています。これでは素人丸出し。許しがたいと言ってもいいくらいです。もし言いたいことがそれでおしまいなら、終わりにするなどと言っていないで、話を完結させてすぐ席につき、終わってしまえばそれでよいではありませんか。

次に、言うべきことはすべて言ったのに、どう終わればよいかわからない人がいます。確かジョシュ・ビリングスだったと思いますが、こんなことを言っています。「牛をつかまえるには角《つの》ではなく尾をつかめ、そのほうがいざという時に放しやすいから」。終わり方がわからない話し手は牛の前足をつかんでいて、放そうとどんなに頑張っても、安全なフェンスや木に近寄れないのです。それで彼は、ついに同じところをぐるぐると輪を描いてのたうちまわるはめになり、悪い印象を残してしまうのです。

対策ですか？　どんなふうに終わることにするか、いつかは考えなければなりませんね。では聴衆の前に立ってから考えますか？　スピーチをすることで緊張し、これから話すことで頭がいっぱいの時に？　それとも、常識で判断して、あらかじめ静かに落ち着いて考えておきますか？

　言葉を自由に使いこなす素晴らしい能力に恵まれたダニエル・ウェブスターやジョン・ブライト、グラント将軍といった熟練の話し手でも、終わりの言葉はきちんと文字にして、一字一句覚えておく必要があると考えていました。

　初心者が彼らをお手本にするつもりなら、こういう準備をおろそかにしてはいけません。どんなふうに終わることにするか、はっきりと考えておく必要があります。終わりの言葉を何度も繰り返し練習しておくことです。必ずしも同じ言葉を繰り返し唱える必要はありませんが、自分の考えをはっきりと言葉にしておくのです。

　即席のスピーチでは、話をしながら内容を大幅に変更したり、思いがけない話の展開や聞き手の反応に合わせて、一部割愛したりといったことがあります。ですから、終わりの言葉を二、三用意しておくのが賢明です。もし一つが使えなくなっても、別のを使うことができるからです。

　なかには、いつまでたっても終わらない話し手がいます。ガソリンの切れたエンジンのように、話の途中でぶつぶつとわけのわからないことを言い出し、それから二言三言必死に何か言ったかと思うと、完全に黙り込んでしまいます。そういう人はもちろん準備や練習が足りないのです。つまり、タンクにもっとガソリンを入れておくべきだったのです。

　多くの初心者はあまりにも唐突にスピーチを終わります。彼らの終わり方には滑らかさも、これで終わったという感じもありません。正確に言えば、結びの言葉がないのです。

急ブレーキをかけたように、突然止まっただけです。そのため聞き手に、不愉快な、素人っぽい感じを与えます。それではまるで、楽しく語り合っていた友達がぶっきらぼうに話をやめ、さようならも言わずにいきなり部屋を飛び出していくようなものです。

リンカーンほどの名演説家でも、一回目の大統領就任演説のための最初の草稿で同じ失敗をしています。その演説は政局が緊迫している中で行なわれました。対立と憎悪の黒い嵐雲がすでに頭上に垂れ込めていました。その数週間後には、血と破壊の大嵐が国中に吹き荒れることになるのですから。リンカーンは南部の人々に締めくくりの言葉を語りながら、こんなふうに話を終えるつもりでした。

南北戦争の重大な争点は、私ではなく、不満を抱いている同胞である皆さんの手に委ねられています。政府は皆さんを攻撃するつもりはありません。皆さんが自ら攻撃をしかけてこない限り、戦いは起こり得ません。皆さんは政府を倒すことを神に誓ったわけではありませんが、私は政府を正常に保ち、それを保護し、防衛することをおごそかに神に誓いました。皆さんは政府に対する攻撃を差し控えることができますが、私は政府を防御することに尻込みするわけにはいきません。「平和か剣か?」という厳粛な問いは、私にではなく、皆さんに向けられるべきものなのです。

リンカーンは演説の草稿をスワード国務長官に見せて意見を求めました。スワード長官は、終わりがあまりにも唐突で、ぶっきらぼうで、挑発的だというきわめて当を得た指摘をしました。そこでスワードが自ら結びの言葉を書くことになりました。実際には彼は二とおりつくりました。リンカーンはそのうちの一つを選んで少し修正を加え、締めくくりの言葉として自ら準備した最後の三つの文章の代わりにそれを使いました。その結果、彼の第一回大統領就任演説は挑発的なぶっきらぼうさがなくなり、非常な親しみと真の美しさに加え、詩的な雄弁とも言うべきものになったのです。

私はこのスピーチを終わりたくない気持ちです。私たちは敵同士ではなく、親しい友達です。決して敵同士であってはならないのです。気持ちの行き違いはあったかもしれませんが、そのために親愛の絆が断ち切られるようなことがあってはなりません。神秘的な記憶の琴線が、一つ一つの戦場と愛国者たちの墓から、この広大な国土に住む一人一人の生きた心と一軒一軒の家庭へと伸びていき、私たちの本性というよき天使が再びこれに触れる時、我が連邦の合唱が高らかに鳴り響くことでしょう。そういう日が必ずや来ることを私は信じております。

初心者は、どうすれば話の終わり方について正しい「勘」を養うことができるのでしょうか？　機械的な決まりに従えばよいのでしょうか？

いいえ、これは文化と同じように、非常にデリケートな問題ですから、そういう決まりにはなじみません。それは「勘」の問題、つまり、ほとんど直感の問題と言ってもいいくらいです。いつ終われば調和がとれ、うまくいくか、話し手が「感じる」ことができなければ、どう終わればよいかなど、わかりようがありません。

しかし、この「勘」を養うことはできます。熟練した話し手がそれを養った方法を学ぶことによって、この経験をある程度発展させることができます。次に挙げるのは当時のイギリス皇太子がカナダのトロント・エンパイア・クラブの集会で行なった演説の終わりの部分です。

皆さん、どうも私は本題から外れて、自分自身のことばかりしゃべりすぎたかもしれません。しかし、このカナダでの一連の講演会のうちで最多の聴衆である皆さんに、私の立場と、それに必然的に伴う責任についての私の考えをお話ししておきたかったのです。今はただその大きな責任を果たし、皆さんの信頼に応えるため、常に努力することをお約束するのみです。

これを聞けば、目の見えない人たちでも話が終わったことが勘でわかるでしょう。ゆるんだロープのように空中に何かがまだ垂れ下がっているという感じはありません。切れ端やかけらが残っているという感じもありません。すっかり完結しているのです。有名なハリー・エマーソン・フォスディック博士は、第六回国際連盟総会の開会式のすぐあとの日曜日、ジュネーブのサン・ピエール大聖堂で講演をしました。彼は自分の文章に入れる警句として、「剣を取る者はすべて剣によって滅びるであろう」を選びました。博士が、その講演を見事に堂々と力強く締めくくる手法に注目してください。

私たちはイエス・キリストと戦争とを調和させることはできない。それが問題の核心です。今こそキリスト教徒の良心が試されているのです。戦争は人類を苦しめる最も巨大で破壊的な社会的罪であります。それは手の施しようがないほど完全に反キリスト的であります。その手段と影響のすべては、主が思し召しにならなかったことであり、また、すべて主の思し召しにかなっていません。戦争は、神と人間についてのあらゆるキリスト教義をあからさまに否定しています。そのやり方は、どんなに空理空論の無神論者もいまだかつて考えもつかなかったほど、あからさまなものです。キリスト教会が、この時代の最大の道徳上の争点を自らのものとして主張し、父の日におけるように、この現在の世界の偶像崇拝に対抗するための明確な基準を再度高々と掲げ、教会がその良心を交戦国の意のままにならしめることを拒否し、神の王国を愛国心の上に置き、世界に平和を呼びかける姿を目の当たりにすることは、何と価値あることではないでしょうか。それは愛国心を否定することではなく、むしろ賛美することになるでしょう。

ここに今日、この気高い親愛の情に満ちた聖堂で、私はアメリカ人として政府を代弁することはできません。しかし、アメリカ人であると同時にクリスチャンでもある者として、何百万人という我が同胞の市民を代弁して申し上げます。私たちがその成功を信じ、かつ祈り、私たちが参加していないことを心から遺憾に思っている皆さんの偉大な壮挙が、それに相応しい成功を収めることを願っております。私たちは多くの面で、世界を平和のために一体化するという同じ目的のために働きます。いまだかつてこれほど働き甲斐のある目的はありません。これに代わるものは、人類がかつて直面したことのないような恐ろしい破局であります。物理学の領域における重力の法則のように、精神の領域における主の掟はいかなる人にも、いかなる国にも左右されることはありません。「剣を取る者はすべて剣によって滅ぼされる」のです。

しかし、こうして演説の締めくくりの言葉の数々を紹介するからには、リンカーンの第二回大統領就任演説の締めくくりの堂々とした口調、オルガンのようなメロディーを抜きにすることはできません。オックスフォード大学の総長であったカーゾン・オブ・ケドルストン伯爵（カーゾン卿）は、ここに抜粋した演説を評して、「人類の誉れであり宝である……雄弁を金というなら純金の雄弁、いや、ほとんど神業と言うべき雄弁である」とたたえました。

戦争というこの大きな災いがすみやかに過ぎ去ることを、私たちは心から期待し、熱心に祈っています。しかし、もしも神が、二百五十年間にわたる奴隷の苦役によって蓄積されたすべての富が消滅し、鞭で流された血の一滴一滴が剣で流される血によってあがなわれるまで戦いが続くことを望んでおられるのであれば、三千年前と同じように、今もこう言わねばならないでしょう。「神の裁きはどこまでも真実で公平である」と。

敵意からは何も生まれはしません。慈悲の心からすべては生まれるのです。何が正しいかは神が教えてくださるのですから、正義を断固信じて、手がけた仕事を成し遂げ、国が負った傷を手当てし、戦いに耐えた人々をねぎらい、戦争未亡人や孤児に救いの手を差し伸べようではありませんか。そして、正しい恒久の平和を達成し、大切に育んでいくために、国内だけにとどまらず、全世界と手をたずさえて、あらゆる努力をしていこうではありませんか。

あなたは、私が思うに、かつて誰も口にしたことのないような美しい結びの言葉を読んだところです。あなたも素晴らしいと思いますか？　演説の全体を通して、どこに一番人間味や真の美しさ、思いやりが込められているでしょうか？

ウィリアム・E・バートンは『Life of Abraham Lincoln（エイブラハム・リンカーンの生涯）』の中で次のように語っています。「ゲティスバーグの演説は確かに崇高な演説であった。しかし、この二度目の大統領就任演説は、それにもまさる崇高なものだ。これはエイブラハム・リンカーンの演説の中で最も優れたものであり、彼の知力と精神力が最高の状態にあったことをうかがわせる」

「これは宗教詩のようだ」とカール・シュルツは書いています。「いまだかつてアメリカ国民にこのような言葉で語りかけた大統領は一人もいなかった。心の底にそのような言葉を見出した大統領は、アメリカの歴史はじまって以来だ」と。

しかし、あなたは首都ワシントンで大統領として、あるいはカナダのオタワやオーストラリアのキャンベラで、それぞれの国の首相として重要な演説をしようとしているわけではありません。あなたが知りたいのは、たぶん、たとえばソーシャル・ワーカーの集会で簡単なスピーチをする際、どういうふうに締めくくればよいかということでしょう。ではどういう準備をすればよいか、少し考えてみましょう。何か創意豊かな提案ができるかもしれません。

## ◉言おうとする要点をまとめる

三分から五分の短いスピーチでも、話し手があまりにも多くのことに触れようとするため、聞き手は話が終わる頃になっても、要点がはっきりつかめないことがあります。ところが、それに気づく話し手はほとんどいません。話し手自身の頭の中では、これらの要点はきわめて明瞭にわかっているので、聞き手にもはっきりわかっているものと思い込んでしまうのです。しかし、決してそうではないのです。話し手はある程度時間をかけて自分の考えを練り上げていますが、聞き手にとってははじめて聞くことばかりです。それらは聴衆に向けてひとつかみにして弾丸のように投げつけられます。そのいくつかは命中するでしょうが、たいていはあちこちに転がってしまいます。聞き手は、シェイクスピアの悲劇『オセロ』の主人公イアーゴのように、「たくさんのことを覚えてはいるが、何一つ明瞭には覚えていない」のです。

名前は明らかではありませんが、あるアイルランドの政治家が演説をする時の秘訣として、こう言っています。「まず、聴衆にこれから話をするぞと予告する。それから話をする。最後に、これで話し終わったぞと教える」。確かに悪くはありません。実際「これで話し終わったぞと教える」というのは大いに参考になります。もちろん概要だけを手短に手早く話すのです。

ここによい例があります。話し手はシカゴの鉄道会社で輸送部長を務めている人です。

要するに、皆さん、この「ブロック装置」についての私どもの実地の経験、つまり東部、西部、北部の各区域で実際に使用した経験から、この装置の導入により健全な安全操作の原則が守られ、それが事故防止に役立った結果、一年間に多額の経費を節減できることが判明しておりますので、私は南部区域においてもこの装置を直ちに設置することを心からの確信をもって勧告する次第です。

話し手が何をしたかおわかりですか？　他の部分を聞かなくても、それを知り、感じることができます。彼は今まで話したことの要点のすべてを、わずかな言葉で的確に要約したのです。

そのようなまとめは役に立つと思いませんか？　もしそう思われるなら、その技術を自分のものにしてください。

### ◉行動を呼びかける

今引用した締めくくりの言葉は、何らかの行動を要請する終わり方のよい例です。話し手は何かがなされることを願っています。ここでは彼の勤める鉄道会社の南部区域にブロック装置が設置されることです。彼はそのような要請の根拠として、その設置が経費節減と事故防止につながることを挙げています。話し手は行動が起こされることを願い、それはかなえられました。これは単なる練習のためのスピーチではありません。このスピーチはある鉄道会社の重役たちの前でなされ、話し手の要請どおり南部区域にブロック装置が設置されることになったのでした。

### ◉簡潔な、心からのほめ言葉

偉大なペンシルバニア州は、先頭に立って新しい時代の到来を推進していくべきです。

鉄鋼の大生産地であるペンシルバニアは世界最大の鉄道会社を生み、また、農業生産でも、全国第三位を占めています。ペンシルバニアはまさに我が国のビジネスのかなめなのです。いま、その将来に対してかつてないほどの大きな期待が寄せられ、指導力を発揮する機会も目覚ましく増大しています。

チャールズ・シュワッブは、ニューヨークのペンシルバニア協会の会合で行なったスピーチを、以上の言葉で締めくくりました。彼は聞き手の心に楽しく幸せな、楽観的気分を残したのです。実に見事な終わり方です。しかし、効果的であるためには、ほめ言葉は心からのものでなくてはなりません。大げさなお世辞やほめすぎはいけません。この種の終わり方は、真実の響きがなければ、非常に嘘っぽくなってしまいます。そうなると偽造硬貨のようなもので、誰にも相手にされません。

### ◉ユーモラスな終わり方

ジョージ・コーハンは言いました。「いつも聴衆を笑わせておいて、さようならを言おう」。もしあなたにそういう能力と題材があるなら、素晴らしいことです。でも、どうやって？　ハムレットが言ったように、〝それが問題〟です。つまりは、各自が自分のやり方でするしかないのです。

ロイド・ジョージがメソジスト派の人々を相手に、「ジョン・ウェズレーの墓」というきわめて厳粛な問題について演説をした時、彼が笑いのうちに話し終えることなどほとんど誰も予期しなかったでしょう。しかし、彼がいかにうまくやってのけたか、また、どんなに滑らかにすっきりと話を締めくくったかにご注目ください。

私は皆さんがウェズレーの墓の修復に着手してくださったことを喜んでおります。皆さんに敬意を表さねばなりません。ウェズレーは何事によらず雑然とした不潔なものを非常に嫌いました。「みすぼらしい格好のメソジスト信者を人の目に触れさせてはいけない」と言ったのは、確かウェズレーだったと思います。皆さんがそういう人を見かけないのは彼のおかげなのです（笑い）。墓を荒れるにまかせておくのは、ウェズレーに対して二重の不親切になります。彼が通りかかった時、戸口に駆け寄り「ウェズレー様に神のお恵みがありますように」と叫んだイングランドのダービーシャー州の娘に彼が言った言葉を覚えておいででしょう。彼は答えました。「娘さん、あなたのお顔とエプロンがもう少し清潔だったら、あなたの祝福はもっと尊いものになったことでしょうに」（笑い）。それほど彼はだらしなさを嫌っていたのです。ですから、彼の墓を荒れ果てたままにしておいてはいけません。もしも彼の魂が自分の墓のあたりを通りかかったら、彼の心はいたく傷つくことでしょう。どうぞあの墓をよろしくお願いします。記念すべき聖なる神殿であり、皆さんに信託されたものなのですから（拍手喝采）。

## ◉詩的な言葉の引用で締めくくる

演説の終わり方にはいろいろありますが、上手にやった場合に限るものの、ユーモアと詩ほど快く受け入れられるものはありません。実際、締めくくりに適切な詩を思いつくことができれば理想的です。狙いどおりの味わいがつけ加わることでしょう。締めくくりに威厳が加わり、個性的になり、また美しくもなります。

ロータリークラブ会員のハリー・ローダー卿はスコットランドの首都エジンバラ市で開かれた同クラブの年次総会で、アメリカのロータリークラブの代表団を相手に演説を行ない、それをこんなふうに締めくくりました。

そして皆さんがお国にお帰りになったら、何人かの方が私にお葉書をくださることでしょう。いや、皆さんがくださらなくても、私のほうから差し上げます。それが、私からの葉書だということはすぐおわかりになります。だって、切手が貼ってありませんから（笑い）。でも、私はその葉書に一言書いておきます。それはこんな言葉です。

季節は来たり、また過ぎゆく、
物みなやがてしおれゆくは世のならい、
されどなお朝露のごとみずみずしく咲けるもの一つあり、

そは我が永遠に変わらぬ君への愛と慈しみなり

この短い詩はハリー・ローダー卿の人柄にぴったりです。それはまた彼のスピーチ全体にもぴったり合っていました。だから彼にとっては素晴らしかったのです。もし、同じロータリークラブの会員でも堅苦しく控え目な人物が、生真面目な話の最後にこの詩を使ったとしたら、調子外れになったばかりか、ほとんど滑稽と言うべきものになったことでしょう。パブリック・スピーキングを長く教えれば教えるほど、あらゆる場合に役立つ一般的なルールを示すことなど不可能であることを、私はますますはっきりと思い知らされます。つまり、肝心なのは、話の題材、時、場所、スピーチをする本人だということです。聖パウロが言われたように、人は皆、「自分の力で自分を救済」しなければならないのです。

私は、ある専門職の人がニューヨーク市を去るのを記念して開かれたお別れパーティーに、招待されたことがあります。十数人の人が次から次へと立って、去りゆく友をほめたたえ、新しい活躍の場での成功を祈りました。そのうちで一人だけ、忘れがたいスピーチの終わり方をした人がいました。詩の引用で終わったのです。その話し手は去りゆく人のほうをまっすぐに見て、感情のこもった声で涙ながらに言いました。「では、さようなら。お幸せに。あなたの願いがご自分の思いどおりにすべてかないますように！」

かの東洋人たちのごとく、胸に手を当て祈らん

アラーの平和、汝とともにあらんことを
汝いずこより来たりて、いずこへ去りゆくとも、
アラーの誉れ、いや増さんことを
労働の昼も休息の夜も、
アラーの愛、汝に御恵みをたれ給わんことを
かの東洋人たちのごとく、胸に手を当て祈らん
アラーの平和、汝とともにあらんことを

ブルックリンのＬＡＤ自動車会社の副社長Ｊ・Ａ・アボット氏は「忠誠と協力」を題材に従業員にスピーチをしました。彼は、キプリングの『続ジャングル・ブック』からとった次のような響きのよい詩で話を締めくくりました。

今やこれが「ジャングルの掟」――大空と同じく古く、真実なる掟
これを守るオオカミは栄え、
これを破るオオカミは死すべし
木の幹に巻きつくつる植物のごとく、
この掟はジャングルの隅々に広がる
群れの力はオオカミにして、オオカミの力は群れなれば

もしあなたが地元の町の図書館へ行き、ある問題を題材にスピーチの準備をしていて、こんな考えを表現する詩を引用したいのだが、と館員に相談すれば、『バートレット引用句辞典』などの参考書の中から、相応しい詩を見つける手助けをしてくれるでしょう。

### ◉聖書からの引用の威力

スピーチの論拠を補強するために聖書の一節を引用することができれば、これほど幸運なことはありません。聖書から引用すれば絶大な効果が生まれます。アメリカの有名な財界人フランク・ヴァンダーリップは、アメリカに対し諸外国が負っている共同債務についての演説の締めくくりにこの方法を用いました。

もし、我々の支払い請求を文字どおりに主張すれば、要求がかなえられないことは目に見えています。我が国の利益ばかり主張すれば、たとえ実現しても憎悪をかき立てるだけで、現金による返済にはつながりますまい。逆に、もしも我々が寛大ならば、そして賢明に寛大ならば、それらの支払い請求はすべて応じられ、彼らとの友好関係は、我々が手放す恐れのある何物にもまして、はるかに大きな意味を持つことでしょう。「自らの命を救わんとする者は命を失うも、我がためと福音のために自らの命を捨つる者は、それによりて救われんがゆえに」とキリストも言われているからです。

## ◉話の最高潮

演説の終わりに話の最高潮を持っていくことは人気の高いやり方です。しかし、これをうまくやってのけることは一般に難しく、誰にでもできてどんな題材にでも合うというものではありません。しかし、うまくいけば、素晴らしいものになります。言葉をたたみかけながら、文章ごとに勢いを強めて最高潮へと持っていくのです。そのよい例は、第3章で挙げたフィラデルフィアでの入賞演説の締めくくりでしょう。

リンカーンはナイアガラの滝についての演説の草稿を準備する際、この手法を使いました。それぞれの対比がその前のものよりもどんなに強いか、この滝の年代をコロンブス、キリスト、モーゼ、アダムといった歴史上の人物の時代と対比させていくことによって、累積効果が生まれることに注目してください。

この滝ははるか遠い昔をよみがえらせてくれます。コロンブスが最初にこの大陸を発見した時、キリストが十字架にかけられた時、モーゼがヘブライ人を率いて紅海を渡った時、いや、もっと昔、アダムが造物主の手によりこの世に誕生した時へと。そのいずれの時も、今と同じようにナイアガラはここで轟音を立てていたのです。今は死に絶え、その骨がアメリカ各地の丘陵に埋まっているかの巨大動物の目も、今の私たちと同じようにこのナイアガラの滝を見つめていたことでしょう。人類最初の種族と同じ時代からここにあり、最初のヒトよりも古い歴史を持ちながら、ナイアガラは今も一万年前と同じように力強く新鮮なのです。はるか昔に死に絶え、その巨大な骨のかけらだけが自らの生きていたことを証明しているにすぎないマンモスやマストドンといった古代の巨象たちは、その長い長い年月の間、一時も静止することなく、渇くことも凍りつくことも、眠ることも休息することもなかったこのナイアガラの滝をじっと見つめてきたのです。

ウェンデル・フィリップスは、トゥーサン・ルーヴェルチュール（ハイチ独立運動の指導者）についてのスピーチの中で、これとまったく同じ手法を使いました。その締めくくりの部分を次に引用します。この抜粋はパブリック・スピーキングについての本によく引用されます。実用本位の現代からすると、美辞麗句を並べすぎたきらいはありますが、なかなか興味深いものです。このスピーチは半世紀以上も前に書かれました。「今から五十年後、真実が発言の機会を得た時」のジョン・ブラウン（奴隷制度廃止運動家）やトゥーサン・ルーヴェルチュールの歴史的評価について、ウェンデル・フィリップスが悲しいほど先見性を欠いていたことが愉快ではありませんか。歴史を予見することは、来年の株価やラード（豚脂）の値段を予測するのと同じくらい、明らかに難しいことなのです。

彼をナポレオンにたとえることもできるでしょう。しかしナポレオンは誓いを破り、血の海をつき進んで帝国を打ち立てました。このトゥーサン・ルーヴェルチュールという男は、決して約束を破ったことがありませんでした。また、「報復をしない」というのが彼の偉大なモットーであり、生き方でした。フランスで息子に語った最後の言葉は、次のようなものでした。「息子よ、いつかサント・ドミンゴに戻り、父がフランスに殺されたことを忘れてくれ」。ルーヴェルチュールをクロムウェルにたとえることもできましょう。しかしクロムウェルはただの軍人にすぎず、彼の築いた国家は彼とともに葬られました。ルーヴェルチュールをワシントンにたとえることもできましょう。しかし、かの偉大なるバージニア人ワシントンは奴隷を所有していました。それに引き換え、ルーヴェルチュールは、自分の領地内の最も貧しい村で奴隷取引が行なわれるのを許すよりも、自分が築き上げた帝国を危機にさらす道を選んだのです。

皆さんは今夜の私を狂信的だと思われるでしょう。それは皆さんが、歴史というものを自分の目ではなく偏見で読んでいるからです。しかし、これから五十年後、「真実」が発言の機会を得た時には、「歴史の女神」がギリシアにはフォキオン（アテネの政治家・将軍）を、ローマにはブルータスを、イギリスにはハムデン（イギリスの政治家）を、フランスにはラファイエットを、我がアメリカ合衆国の初期文明の輝かしい満開の花としてワシントンを、また、同じく我が合衆国の真昼の熟れた果実としてジョン・ブラウンを、それぞれ選んで、歴史に書き記すことでしょう。そしてそのあと、「歴史の女神」は、陽の光の中でそのペンをどっぷりとインキにひたして、右の偉人たち全員の名前の上に目の覚めるようなブルーのインキで書き加えるでしょう。軍人にして政治家、そして殉難者である、かのトゥーサン・ルーヴェルチュールの名を。

## ◉足の爪先が地面に触れたら

スピーチの上手なはじめ方と終わり方に行き着くまで、捜索と探求と実験を積み重ねましょう。そしてその成果をしっかりと自分のものにするのです。

このせかせかした落ち着かず急激に変化する時代に合うような、簡潔な話し方ができない人は、歓迎されないばかりか、はっきりと嫌われてしまうでしょう。

タルソスのサウロのような聖人でも、この点では過ちを犯しました。彼の説教が長すぎたため、聴衆の中の〝ユーティカスという名の若者〟が居眠りをして窓から外に落ち、危うく首の骨を折るところだったのです。それでもまだサウロは話をやめなかったかどうか、それは知る由もありませんが、アメリカのブルックリンの大学のクラブで、スピーチのため立ち上がった、ある一人の医者のことが思い出されます。長い宴会でした。大勢の人がすでに話し終えたあとで、その医者の番がまわってきた時は、もう午前二時になっていました。もしも彼に気転と思慮分別があったら、話をあっさり済ませて私たちを家へ帰らせてくれたことでしょう。彼はそうしたでしょうか？　いいえ。それから四十五分間、延々と生体解剖に反対する大演説をぶったのです。半分もすぎないうちから聴衆は、彼を黙らせるためなら、先ほどのユーティカス君のように窓から転げ落ちて、どこの骨でもいいから折りたいくらいだと思っていたのでした。

友人のロリマー氏は、サタデー・イブニング・ポスト誌の編集長時代にこんな話をしていました。「我がポストの連載記事は、いつも人気絶頂の時に打ち切ることにしている。読者からはもっと続けてほしいと文句が出るが……」。でも、どうしてそんな時に打ち切るのでしょうか？ よりによってそんなに大評判の時に。「なぜなら」とロリマー氏は言いました。「飽きられるのは、人気の絶頂を少しすぎた頃だからです」

同じ知恵をスピーチにも応用しましょう。いや、ぜひとも応用しなくてはなりません。聴衆がもっと聞きたいと思っているうちにスピーチを終えるのです。

キリストが行なった最も偉大なスピーチである「山上の垂訓」は、これを再現すれば五分間で終わります。リンカーンの「ゲティスバーグの演説」にしても、わずか十ほどの文章で構成されています。「創世記」の中の天地創造の物語を読み通しても、朝刊の殺人記事を読むほどの時間もかかりません。ですから、とにかくスピーチは短く、短く！

ニアサ（現在の東アフリカのマラウイ、モザンビークあたり）の助祭長だったジョンソン博士は、アフリカの部族について本を書きました。彼は四十九年間にわたって彼らと生活をともにし、観察したのです。その本によれば、グワングワラという村では、集会で話し手があまり長く話していると、聴衆が「イメトシャ！」「イメトシャ！」、つまり「もういい」「もういい」と言って黙らせるそうです。

別の部族は、話し手に片足で立っていられる間だけ話すことを許可するそうです。上げたほうの足の爪先が地面に触れたら、万事休す。それ以上話すことはできないのです。そして一般に聴衆というものは、アフリカの部族よりは礼儀正しく、我慢強いとしても、長いスピーチは同じくらい嫌いなのです。

同じ道をたどりたくはないだろうから、
彼らの運命を自分への警告と悟り、
彼らからスピーチの仕方を学ぶべし。

## ◈まとめ◈

一、スピーチの終わりは最も工夫を要する部分である。最後に言ったことが一番長く聞き手の記憶に残る可能性があるからだ。

二、「この問題については、私の申し上げたいことはだいたい全部お話ししました。ですから、もう終わりにしようと思います」。こんな終わり方はいけない。ただ終わればよいのであって、終わります、などと断る必要はない。

三、ダニエル・ウェブスターやジョン・ブライト、ウィリアム・グラッドストンのように、前もって終わり方を周到に計画しておこう。予行演習をしよう。どのように終わるか、一語一語確かめるつもりで。すっきりと話し終わろう。ぎざぎざな面を残したままの岩の割れ目のような終わり方をしないこと。

四、終わり方の例。

(a) 話の要点をまとめたり、繰り返したり、手短に概略を述べたりする。
(b) 行動を起こしてくれるよう訴える。
(c) 聴衆を心からほめる。
(d) 笑わせる。
(e) 話の内容に相応しい詩句を引用する。
(f) 聖書から引用する。
(g) 最高潮へと話を盛り上げていく。

五、上手なはじめ方と終わり方を考え、しっかりとまとめておこう。常に、聴衆がもうそろそろ終わってほしいなと考える前に終わろう。「飽きられるのは、人気の絶頂を少しすぎた頃だ」

# 第10章
# わかりやすく話すには

　第一次世界大戦中、イギリスのある有名な主教がキャンプ・アプトンにて、無教育な兵士たちからなる中隊で話をしました。彼らは塹壕陣地に向かう途中でしたが、自分たちがなぜそこへ送られるのかを十分に理解しているのは、そのうちのごくわずかでした。これは私が直接彼らに尋ねたのですから間違いありません。しかし、主教はこのような兵士たちに「国際親善」とか「セルビアに与えられるべき〝陽の当たる場所〟への権利」について話をしたのでした。何と兵士の大半はセルビアが町の名前なのか病気の名前なのかさえ知らなかったというのに。こんなことなら、「星雲説」をほめたたえる朗々とした演説でもしたほうがまだましだったかもしれません。しかし、主教が話をしている間にそのホールを出て行った者は一人もいませんでした。拳銃を持った憲兵がすべての出口に配置され、出て行けないようになっていたからです。

主教をけなすつもりはありません。大学生などの集まりでなら、主教の話はもっと聴衆を引きつけたことでしょう。しかし、この兵士たちには失敗でした。失敗も失敗、完敗でした。彼は自分の聴衆を理解していなかったのです。自分が何を目的に話をするのか、その目的を果たすためにはどうすればよいのか、それがまるでわかっていないことは明らかでした。

そもそも、話の目的とはいったいどういうことなのでしょうか？　それはまさにこういうことなのです。およそ話というものは、話し手がそれに気づいている、いないにかかわらず、次の四つのうちのどれかを目的にしています。

一、何かをわからせる。

二、感銘を与えたり、納得させたりする。

三、行動を起こさせる。

四、楽しませる。

具体的な例を挙げて説明しましょう。リンカーンはいつも機械に少なからず興味を持っていて、ある時、座礁した船を砂州やその他の障害物から引き揚げる装置を発明し、特許を取りました。自分の法律事務所の近くにあった機械工場で、自らその装置の模型までつくりました。それは結局実用には至りませんでしたが、彼はいつかは実用化される日が来るものと固く信じていました。友達が事務所にその模型を見にやってくると、彼は非常に熱心に説明をしました。こういう説明は、主として、相手にわからせることを目的としていました。

リンカーンがゲティスバーグで後世に残る名演説をした時や、一回目と二回目の大統領就任演説をした時、あるいはヘンリー・クレイが死んで、その生涯をたたえる演説をした時などは、いずれの場合もその主な目的は人に感銘を与え、納得させることでした。もちろん、納得してもらうためには、自分の考えをわかってもらう必要があります。しかし、この場合、わからせることが主たる目的ではなかったのです。

陪審員に向かって話す時は、好意的な評決を勝ち取ろうと努めました。政治演説をする時は、票を獲得しようと努めました。そういう時の彼の目的は、行動を起こさせることだったのです。

大統領に選出される二年前に、リンカーンは「発明」と題する講演を企画しました。目的は聴衆を楽しませることでした。少なくとも、それが彼の目的のはずでした。しかし、どう見ても成功とは言えませんでした。通俗講話の話し手としては、明らかに失敗でした。ある町では、ただの一人も彼の話を聞きに来なかったのです。

しかし、彼はその他の、私が今までに挙げたようなスピーチでは成功を収めました。しかも素晴らしい成功を。なぜでしょうか？　それは、そういう時の彼には、自分の目的が何か、どうすればその目的が果たせるかがわかっていたからです。自分が行きたいのがどこで、どうすればそこへ行き着くことができるかを知っていたのです。ところが、非常に多くの話し手は、それを知らないためにしばしばまごつき、憂き目を見るのです。

たとえば、私はかつてアメリカ連邦議会のある下院議員が、聴衆にさんざんに野次られ、ニューヨーク・ヒポドローム劇場でのステージをすごすごと降りるのを見たことがあります。なぜなら彼が、確かに無意識だったにしてもあまり賢明だったとは言えませんが、話の目的として相手にわからせることを選んだからなのです。当時は戦時下でしたから、彼は聴衆にアメリカ合衆国の軍備体制について話をしました。しかし、聴衆はそんなことを知りたがってはいなかったのです。彼らが求めていたのは娯楽でした。それでも、講演が早く終わってくれればいいのにと思いながらも、彼らは最初の十分か十五分間ほどは辛抱強く、神妙に聞いていました。ところが、いっこうに終わりません。だらだらといつまでも話は続きます。ついに堪忍袋の緒が切れました。もう我慢ができません。誰かが皮肉たっぷりにはやしはじめると、他の者もそれに同調し、たちまち一千人の聴衆が口笛を吹くやら叫ぶやらの大騒ぎになってしまいました。しかし、話し手は鈍感で、聴衆の気持ちを感じ取ることができず、まずいことになおも話し続けます。それが火に油を注ぐことになりました。戦闘開始です。じれったい気持ちが憤りに変わり、聴衆は話し手を黙らせようと決意しました。抗議の嵐はますます大きくなっていき、ついに怒号は話し手の言葉をかき消してしまいました。六、七メートル先には何も聞こえないありさまです。そんなわけで、彼は敗北を認め、演説を断念してすごすごと退場するしかなかったのでした。

この議員の例を教訓にしましょう。何を目的に話すのか、よく考えましょう。スピーチの準備に取りかかる前に、目的を慎重に選びましょう。どうすればその目的を果たすことができるか、よく検討しましょう。そのうえで、いよいよ準備に取りかかることです。手際よく、知識を十分生かして。

### ◉たとえを用いて話をわかりやすくする

わかりやすく話すということについては、その重要性ないしは難しさを過小評価してはなりません。私はかつて、あるアイルランドの詩人が自分の詩集を読む夕べを催したのを聞きに行ったことがあります。催しが行なわれている時間の半分は、この詩人がいったい何の話をしているのかわかっていた人は、聴衆全体の一割もいませんでした。多くの話し手は、公の集まりであろうと、内輪の会合であろうと、これと似たようなものです。

四十年間、大学生や一般の人を相手に講演をしてきたオリヴァー・ロッジ卿とパブリック・スピーキングの本質を語り合った時、彼はまず第一に知識と準備の大切さを、第二に「相手にわからせるように努めること」の大切さを強調しました。

フォン・モルトケ将軍は普仏戦争が勃発した時、部下のプロシア士官たちに言いました。「いいか、誤解を招きそうな命令は、必ず誤解を生むものと心得るように」

一方、ナポレオンも同じ危険性に気づいていました。彼が側近に何よりも強調し、何度も繰り返し言ったのは次のようなことでした。「わかるように言え！　よくわかるように！」

弟子がキリストに、「人々に教えを説く時、なぜたとえ話をなさるのですか」と尋ねると、キリストは答えました。「なぜなら、彼らは見えていても見ない。聞こえていても聞かない。また、悟りもしないからだ」

聞き手になじみのない問題について話をする場合、人々がキリストの話を理解した以上に、進んであなたの言うことを理解してくれると思いますか？

まずそういうことはないでしょう。ではどうすればよいのでしょうか？　同じような状況に直面した時、キリストはどうしたでしょうか？　世にも単純で自然な方法を用いて、その問題を解決しました。人々が知らないことを、彼らがよく知っていることにたとえて話したのです。「神の国」……それはどのようなものでしょうか？　どうすればパレスチナの無学な農民にわからせることができるでしょうか？　そこでキリストは彼らがすでによく知っている物や仕事に置き換えて話しました。

神の王国はパン種のようなものである。女がそれを取り、三升《ます》の粉の中に入れると全部がふくらむ。

また、神の王国はよい真珠を探し求める商人のようなものである。

また、神の王国は海に投げられた網のようなものである。

これならわかりやすく、彼らも理解することができました。聴衆の中のおかみさんは、毎日パン種を使っていましたし、漁師は毎日海に網を投げ、商人は真珠を商っていたのですから。

　また、ダビデは、どのようにしてエホバの用心深さと情愛のこもった親切を人々にわからせたでしょうか？

　主は私の羊飼いである。羊である私は何一つ不自由することはない。主は私を緑の牧草地に寝そべらせ、静かな水辺に連れて行ってくださるから……。

　ほとんど不毛の地での緑の牧草地、羊が水を飲むことのできる静かな水辺――彼らのような牧羊の民には、それがどんなにありがたいものか、よく理解できたのです。

　この原理を用いた、なかなか素晴らしい、また、面白いとも言える実例があります。何人かの宣教師が、聖書を赤道アフリカの近くに住む部族の方言に翻訳していました。訳し進むうち、彼らは次の詩に出くわしました。「汝の罪は緋色《ひいろ》のごとくあれど、そは雪のごとく真白になるべし」。これをいったいどのように訳せばよいでしょうか？　文字どおりに訳すのでしょうか？　それは無意味であり、馬鹿げています。この部族には、二月の朝に歩道の雪をすくい集めた経験などまったくないのですから。彼らには雪という言葉さえないのです。雪とコールタールの区別もつきません。しかし、彼らはいつもココナツの木に登り、いくつかゆすり落としては食べています。そこで宣教師たちは彼らが知らないものを知っているものにたとえ、その詩を次のように変えました。「汝の罪は緋色のごとくあれど、そはココナツの果肉のごとく真白になるべし」

それだけ環境が違うと、言い換えるのは並大抵の苦労ではなかったでしょう。

ミズーリ州のウォレンズバーグにある州立の教員養成大学で、アラスカについての講義を聞いたことがあります。その話は全体を通してあまりわかりやすいものではなく、面白くもありませんでした。なぜなら、先ほどのアフリカの宣教師とは違い、話し手が聴衆の知っている物事に置き換えて話すことを怠ったからです。たとえば、その講師はアラスカの総面積は五十九万八百四平方マイル、人口は六万四千三百五十六人だと言いました。

ほぼ五十万平方マイル、これは一般の人にとっていったいどんな意味があるでしょうか？　ほとんど何の意味もありません。人は平方マイルなどという単位で考えるのに慣れていないので、それがどういうことか、頭の中に描けないのです。五十万平方マイルなどと言われても、それがメーン州の広さぐらいなのか、テキサス州ぐらいなのかも見当がつきません。もしも話し手が、アラスカとその周辺の島々の海岸線を合わせると、地球を一周する以上の距離になり、その面積はバーモント、ニューハンプシャー、メーン、マサチューセッツ、ロードアイランド、コネティカット、ニューヨーク、ニュージャージー、ペンシルバニア、デラウェア、メリーランド、ウェストバージニア、ノースカロライナ、サウスカロライナ、ジョージア、フロリダ、ミシシッピ、テネシーといった州を全部合わせた面積よりも広いと言えばどうだったでしょうか？　これなら誰にでもアラスカの面積が、かなりはっきりとわかるのではないでしょうか。

その講師はアラスカの人口が六万四千三百五十六人だと言いました。その国勢調査に基づく数字を五分間、いえ、一分間でも記憶している人は、聴衆の十分の一もいないでしょう。なぜかと言えば、「六万四千三百五十六人」と早口で言われただけでは、はっきりとした印象は残らないからです。浜辺の砂の上に書かれた文字と同じで、ぼんやりした頼りない印象しか残らないのです。次の波が来れば文字は消えてしまうように、何か他のことに気が移ると、すぐに忘れてしまいます。その数字を、聴衆がよく知っているものにたとえて言ったほうがよかったのではないでしょうか？　たとえば、「セント・ジョゼフ」は、今のアラスカの話を聞いている聴衆が住んでいるミズーリ州の小さな町から、さほど遠くないところにある町です。聴衆の多くはこのセント・ジョゼフの町に行ったことがあります。そして、アラスカの人口は当時、このセント・ジョゼフの人口より一万人少なかったのです。それよりも、いっそのことアラスカを、今聴衆を前に話をしている当のこの町を基準にして説明してみてはどうでしょうか？　講師がこんなふうに言えば、聴衆にはずっとわかりやすかったのではないでしょうか？　「アラスカは我がミズーリ州の八倍の広さがあります。しかし人口は何とこのウォレンズバーグのわずか十三倍にすぎません」というように。

次の言い方のうち、(a)と(b)のどちらがわかりよいでしょうか？

(a)　地球に一番近い星は三十五兆マイル（約五十六兆キロ）の彼方にあります。

(b)　一分間に一マイル（約一・六キロ）の速さで走る列車が、地球に一番近い星に到着するには、四千八百万年かかります。その星で歌った歌が地球まで届くと仮定すると、私たちの耳に聞こえるまでには三百八十万年かかります。その星までクモの糸を渡すと、その糸は五百トンもの重さになります。

(a)　教会としては世界最大のサン・ピエトロ大聖堂は、奥行きが二百十二メートル、幅が百十一メートルです。

(b)　この大聖堂は、ワシントンの連邦議会議事堂を二つ積み重ねたくらいの大きさです。

オリヴァー・ロッジ卿は、一般の聴衆を前に原子の大きさと性質を説明した時、楽しげにこの方法を用いました。彼がヨーロッパの聴衆に次のように語っているのを聞いたことがあります。一滴の水の中には地中海を満たす水滴と同じくらいの数の原子があります、と。聴衆の多くは当時、ジブラルタル海峡からスエズ運河まで行くのに一週間以上費やしていたのです。彼は問題をいっそう聴衆にとって身近なものにするために、一滴の水の中に含まれる原子の数は、全地球上の草の葉の数と同じくらいだと言いました。

リチャード・ハーディング・デイヴィスはニューヨークの聴衆にこう言いました。「トルコのアヤソフィア大聖堂は、ニューヨークの五番街劇場の観客席とほぼ同じ大きさ」だと。またイタリアのブリンディジという町は、その先端から入るとロング・アイランドにそっくりと言いました。

これからはこの原理をあなたのスピーチに取り入れてみてください。もしもピラミッドの話をするなら、まず、高さは百三十七メートルだと言って、それから、聴衆が毎日見ているビルのどれかに置き換えて、それがどんなに高いかを示し、底面に街が何区画分入るかを話します。何千ガロンとか何十万バレルとか言う時は、必ずそれに加えて、それだけの量の液体でこれこれの広さの部屋がいくつ いっぱいになるかを話します。六メートルの高さだと言う代わりに、この天井の一・五倍の高さだと言ったらどうでしょう。距離を何マイルとか何キロとかで示す代わりに、ここから最寄りの駅までとか、どこそこの通りまでとか言ったほうが、わかりよくはないでしょうか？

## ◉専門用語は避ける

もしもあなたが何かの専門職についているなら、つまり、弁護士とか医者、技術者など、高度に専門的な仕事をしている人だったら、部外者に話をする時は二倍の注意を払って、平易な言葉を使い、詳しい説明をつけ加えるようにしましょう。

私は二倍の注意と言いました。なぜなら、私は職業上の義務の一部として、この点の気配りが足りないためにひどい失敗に終わるスピーチを、何百となく聞いてきたからです。話し手は、一般の人が特殊な専門分野については情けないほど無知である場合がよくあることに、まったく気づいていないようでした。そこで、何が起こったでしょうか？　彼らは自分の体験を語るにはぴったりで、しかも自分にとっては即座に、また継続的に十分意味のある専門用語を使って、自分の考えをとめどなく話し続けました。しかし、素人にとってそんな話は、アイオワ州やカンザス州の開墾したばかりのトウモロコシ畑に六月の雨が降ったあとの、泥に濁ったミシシッピ川のようなもの。すっきりよくわかるとはとても言えないのです。

そういう話し手は何をすべきなのでしょうか？ インディアナ州の元上院議員ビヴァリッジの達者な筆による次の助言を読んで心にとめるべきです。

聴衆の中の一番賢くなさそうな人を選んで、その人があなたの話に興味を持ってくれるように頑張ってみるのです。そのためには、事実をわかりやすく話し、明快に理論づけることがどうしても必要になります。さらにもっとよい方法は、親について来ている小さな子供に焦点を合わせることです。

取り上げた問題について、あなたが聴衆に説明したことを子供でも理解して記憶し、集会が終わったあとであなたの言葉を復唱できるほどわかりやすく話そう、と自分に言い聞かせましょう。できれば、聴衆に向かってそう宣言しましょう。

私はある医者が講演の中で次のように言ったのを覚えています。「横隔膜式呼吸は腸の蠕《ぜん》動《どう》運動を促進し、健康増進に役立つことがわかっています」。彼はその問題についてはこの一言で話を打ち切り、急いで別の問題に移ろうとしました。そこで私はいったん話を中断してもらって、横隔膜式呼吸とその他の呼吸との違いや、どうしてそれが特に体によいのか、また蠕動運動とは何か、はっきり理解できた人に挙手してもらうように、この医者に頼みました。挙手の結果にこの医者は驚きました。そこで彼は話を元に戻して、こんなふうに詳しく説明したのでした。

横隔膜というのは胸部と腹腔の境にある薄い筋肉です。静止している時や胸呼吸をしている時は、台所の洗い物用ボウルを逆さにしたようなアーチ型をしています。横隔膜式呼吸つまり腹式呼吸では、呼吸するたびにこの筋肉のアーチが押し下げられてほとんど平らになり、おなかの筋肉がベルトのあたりを圧迫するのがわかります。横隔膜のこのような動きが腹腔の上部にある器官、つまり、肝臓、膵臓、脾臓、みぞおちなどをマッサージしたり刺激したりするのです。

息を吐き出すと、胃と腸が横隔膜に押し上げられ、再びマッサージを受けることになります。このマッサージが排泄を助けるのです。

非常に多くの病気は腸からきています。消化不良や便秘、自家中毒などは、胃や腸が横隔膜式呼吸によって適度な刺激を受ければ、たいてい解消してしまいます。

## ◉リンカーンの話がなぜわかりやすかったか

リンカーンは演説をする時、誰にでもすぐわかるような話し方をしようと、いつも細心の注意を払っていました。彼は議会ではじめて行なった演説の中で、「砂糖でくるんだ」という言葉を使いました。公文書専門の印刷業者デフリーズ氏は、リンカーンの親しい友人だったので、そういう言葉はイリノイ州あたりで遊説演説をするには結構だが、歴史に残る政府関係文書に使うのは威厳に欠けるのではないか、と指摘しました。「そうだね、デフリーズ君」とリンカーンは答えました。「『砂糖でくるんだ』という言葉の意味が理解されなくなる時が来ると君が思うのなら、変えてもいいよ。そうでないなら、このままでいいんじゃないかな」

彼はかつてノックス・カレッジの学長ガリヴァー博士に、わかりやすい言葉を使うことに「情熱」を抱くようになったわけを次のように説明しました。

私の一番古い思い出は、まだほんの幼い子供だった頃、誰かによくわからない言い方をされて腹が立ったことです。生まれてこのかた、他のことで人に腹を立てた覚えはありません。しかし、こういうことには、それ以来ずっと、いつもいらいらさせられています。夜、近所の人が父と話しているのを聞いたあと、自分の小さな寝室に行き、部屋の中を行ったり来たりしては、自分には謎めいて聞こえた言葉の正確な意味をつかもうとして、その夜のかなりの時間を無駄にしたことが思い出されます。
そういうふうにこだわりはじめると、言葉の意味がわかるまではいくら眠ろうとしても眠れなかったのです。そして、やっと意味をつかんだと思っても、その言葉を繰り返し言ってみて、知り合いのどんな子供でも理解できると思えるような平易な言葉に言い換えるまでは、満足できませんでした。私はこういうことにいわば情熱を傾けました。この癖が今も続いているというわけです。

情熱？　確かにその域に達していたに違いありません。なぜなら、ニューセーラム校の校長メントール・グラハムが、次のように証言しているからです。「私はリンカーンが一つの考えを表現するのに、三とおりの言い方のうちのどれにしようかと、何時間も考えていたのを知っています」

わかりやすく話せないのは、まったく当然のことですが、自分の言いたいことが自分にもよくわかっていないからです。何となくもやがかかったような感じ。はっきりしない漠然とした考え。そんなふうに頭の中に霧がかかっていては、本物の霧の中で写真が写せないのと同じで、わかりやすく話せるはずがありません。そういう人は、リンカーンと同じくらい、漠然として曖昧な言い方に悩む必要があるのです。リンカーンのやり方を見習うべきなのです。

## ◉視覚に訴える

第4章で触れたように、目から脳に通じる神経は、耳から脳への神経の何倍も太くできています。また、私たちは目から得た情報に対しては、耳から得た情報の二十五倍の注意を払うことが研究の結果わかっています。

中国には昔から、「百聞は一見にしかず」ということわざがあります。ですから、聞き手によくわからせたいと思うなら、話の要点を絵に描いて、あなたの考えが目に見えるようにしましょう。これは、有名なNCR（ナショナル金銭登録機）社の社長だったジョン・H・パターソンが推奨したやり方です。彼はシステム・マガジン誌に次のような記事を書いて、自分が製造部門で働く人やセールス担当者に話をするのに用いた方法の概略を述べています。

話し言葉だけに頼っていては、相手に理解してもらうことも、相手の注意を引きつけておくこともできないと私は考えています。何か目に見えるもので話を補う必要があります。事情さえ許せば、いつも絵を使って、どれが悪い方法でどれがよい方法か、示すほうがよいのです。絵は単なる言葉よりも説得力があります。何が言いたいかわかってもらう理想的な方法は、一つ一つの項目を図解し、言葉はそれらをつなぐためにだけ使うことです。以前から気づいていることですが、人間関係においては、口でどんなことを言うよりも、目に見えるもので示すほうがずっと値打ちがあるのです。

多少変てこな絵でも驚くような効果を発揮します。私の会社では全社を挙げて漫画を採用しています。つまり「絵に物を言わせている」のです。ドルのマークを丸で囲って少額のお金を、また、鞄の絵にドルのマークをつけて高額のお金を表わしています。丸い顔の絵はとても効果がありました。丸を書き、何本か短い線を書き入れて、目、鼻、口、耳を表わします。この線をいろいろとひねると表情が出せます。昔ふうの人を表わすには口の端を下げ、元気のよい現代ふうの人を表現するなら口の端を上げるというように。絵はとても素朴なものです。しかし、最も効果的な漫画を描くのは、必ずしも一番絵のうまい人とは限りません。大切なのはアイディアと対照の面白さを表現することです。

お金の入った大きな袋と小さな袋を並べて描き、よいやり方と悪いやり方を自然な形で対比させることができます。よいやり方は大金をもたらすが、まずいやり方をすれば少しのお金しか手に入らないというわけです。話をしながらこういう絵を手早く描いていけば、聞き手の気が散る心配はありません。嫌でもあなたの動作に目が行き、知らず知らず先へ先へと話を聞くことになり、あなたが言いたい結論にまでついてきてくれます。それにこの場合でも、滑稽な絵は人を楽しい気分にさせてくれます。

私はよく画家を一人雇い、一緒に社内の仕事場をまわって歩いては、正しいやり方で行なわれていないと思われるものを、こっそりとスケッチしてもらったものです。それからそのスケッチをもとに絵を描いてもらって、部下を呼び集め、それらの絵で彼らの仕事ぶりをはっきり見せたのです。立体幻灯機というものがあるとの話を聞くと、すぐに一台買い求め、先ほどの絵をスクリーンに写して見せたりもしました。それはもちろん紙に描いたものよりもずっと効果的でした。やがて活動写真の時代がやってきました。確か、その頃できたばかりの最初の映写機を買ったはずです。そして今、我が社には多数の映画フィルムと六万枚以上の立体幻灯機用カラースライドを備えた大きな部門があります。

もちろん、話の題材や出来事をすべて具体的に見せたり、絵に描いたりできるわけではありません。しかし、それができるものは何でもやってみましょう。聞き手の注意を引きつけ、興味をかき立て、話し手の言おうとすることを二倍わかりやすくしてくれます。

## ◉ロックフェラーと硬貨の話

アメリカの大富豪ロックフェラー氏もシステム・マガジン誌のコラムを借りて、コロラド燃料・製鉄会社の財務状態を明確に理解してもらうために視覚に訴えたその方法について語っています。

私は、彼ら（コロラド燃料・製鉄会社の従業員）がロックフェラーはコロラド社の株で莫大な利益を得ていると思っていることに気づきました。大勢の人が彼らにそう入れ知恵したのです。私は彼らに正確な状況を説明しました。コロラド燃料・製鉄会社に関係してきたこの十四年間、当社が普通株に対して配当を払ったことはただの一度もないことを示したのです。

何度かの会合のうちのある時、私は会社の財務状態を具体的に説明しました。まず、テーブルの上にたくさんの硬貨を置き、そのうちの一部を彼らの給料と仮定してさっとテーブルの上から払いのけました。なぜなら、会社が求められる第一のことは、給料の支払いだったからです。次に管理職の給与相当分の硬貨を取り除きました。残りは役員の給料分でした。株主には一つの硬貨も残っていません。そこで私は尋ねました。「皆さん、私たち全員がパートナーであるこの会社で、そのうちの三者だけが、額の多少は別として、すべての利益を得て、四番目の者にはゼロというのは、公平だと言えるでしょうか？」

はっきりとした具体的な姿が目の前に浮かぶように話しましょう。夕日を背にした雄鹿の角《つの》のシルエットのような、くっきりとした像が頭に描けるように話しましょう。たとえば、犬という言葉を聞くと、ある程度はっきりした動物の姿、たぶんコッカースパニエルとかスコッチテリア、セントバーナード、ポメラニアンなどが目に浮かびます。私が「ブルドッグ」というようにもっと限定して言えば、あなたの頭にもっとはっきりしたイメージが浮かび上がることに注目してください。「ぶちのブルドッグ」と言えば、さらにいっそうはっきりしたイメージが浮かんできませんか？　「黒のシェトランド・ポニー」と言えば、「馬」と言うよりもずっと鮮やかにその姿が目に浮かぶはずです。「片足が折れた雄の白いチャボ」と言えば、ただ「鶏」と言うよりも、はるかにくっきりと鮮明にその姿が見えてくるはずです。

## ◉大事なことは別の言葉で言い換える

修辞上ただ一つの重要な原則は〝反復〟である、とナポレオンは言いました。ある考えが自分にははっきりわかっているからといって、他の人にもそれが直ちに理解されるとは限らないこと、また、新しい考えを理解するには時間をかけてそれに神経を集中させなければならないことを、彼は知っていたのです。つまり、ナポレオンは繰り返すことが必要であると知っていたのです。同じ言葉をそのまま繰り返す必要はありません。そんなことをすれば当然反発を招くでしょう。しかし、表現が変わり、まったく違う言葉に言い換えられているなら、聞き手はそれが繰り返しであるとは少しも思わないでしょう。

具体例を示しましょう。

自分の言おうとすることを自分が理解していなければ、人に理解させることはできない。自分の言おうとすることが自分に鮮明にわかっていればいるほど、それを相手の頭に鮮明に送り込むことができる。

この文章の二つ目の文章は、最初の文章で述べたことをただ言い換えたにすぎません。しかし、これを聞いても、聞き手はそれが繰り返しであるかどうかゆっくり考えたりはしません。話がずっとわかりやすくなったと思うだけです。

パブリック・スピーキング・コースで教えていると、話し手がこの繰り返しの原理を使いさえすればずっとわかりやすくなり、また、感銘を与えることになるだろうに、と思えるスピーチを一学期に必ず一回、いいえ、たぶん数回は耳にしています。初心者は繰り返しの効用をまったく理解していないのです。何と残念なことではありませんか。

## ◉一般的な例と具体的な例を使う

要点を明確にする最も確実で簡単な方法は、一般例と具体例をあとから示すことです。この二つはどこが違うかと言えば、読んで字のとおり、一方は一般的で、他方は具体的な例です。

この両者の違いとそれぞれの使い方を、具体例を挙げて示すことにしましょう。たとえばこんなふうに言うとします。「専門職の人の中には、驚くほどの高収入を上げている人がいる」。この言い方は非常にわかりよいと言えるでしょうか？　話し手が実際に言おうとしていることがはっきりとわかりますか？　わかりませんね。また、話し手自身もそのように言い切ったものの、聞き手がどう受け取るか確信が持てません。ミズーリ州南方にあるオザーク高地の地方医師なら、五千ドルの年収を得ている小さな町のホーム・ドクターのことを考えるかもしれません。また、成功している鉱山技師だったら、年間十万ドルの収入を得ている同業者を基準にして考えるかもしれません。この「専門職の人の中には云々」という言い方は、このままではまったく漠然としていて、曖昧すぎます。もっとしぼり込む必要があります。話し手はいったいどういう専門職のことを指して言っているのか、また、「驚くほど高額」とはどういう意味なのかわかるように、詳しい説明を加える必要があります。

弁護士、プロボクサー、作詞家、小説家、劇作家、画家、俳優、歌手の中には、アメリカの大統領以上の高収入を得ている人がいる。

話し手が言おうとしているのはどういうことか、これでずっとわかりよくなったのではないでしょうか？　しかし、これでもまだ話し手は具体的な例を挙げてはいません。彼が挙げているのは一般例であって、具体例ではありません。「歌手」と言っているだけで、ローザ・ポンセルだとも、カーステン・フラグスタッドだとも、リリー・ポンス（いずれも有名歌手）だとも言っているわけではありません。

ですから、この言い方でもまだかなり曖昧です。それを示す具体的な例を私たちは思い浮かべることができません。それは話し手がするべきことではないでしょうか？　次の一節のように具体例を挙げれば、もっとわかりやすいのではないでしょうか。

　サミュエル・アンタマイヤーやマックス・シュトイアーのような大物の法廷専門弁護士は、年間百万ドルもの高収入を得ている。大ボクサーのジャック・デンプシーの年収は、五十万ドルにも達すると言われている。若くて学歴もないというのに、プロボクサーのジョー・ルイスは、まだ二十代のうちに五十万ドル以上も稼いだ。作曲家アーヴィング・バーリンは、ラグタイム・ミュージックで年間五十万ドルも稼ぐと言われている。シドニー・キングズリーは、自作の芝居の上演料として週に一万ドルを得ている。作家のH・G・ウェルズは自叙伝の中で、自分のペンは三百万ドルもの収入をもたらしてくれたと告白している。一方、ディエゴ・リヴェラは、絵を描いて年間五十万ドル以上稼いでいる。大女優のキャサリン・コーネルは、週給五千ドルの映画出演の誘いを何度も断っている。

さあ、これで話し手が何を言いたかったかが、非常にはっきりしたのではありませんか？

具体的に、明確に、特定して話すこと。このように具体例を挙げて話すと、わかりやすいだけでなく、感銘を与え、納得させ、楽しませることにもなるのです。

## ◉野生の山羊と張り合ってはいけない

ウィリアム・ジェイムズ教授は、教師たちのための講演の中で、話を中断して、一つの講演で話せる題材は一つだけだと言って、その題材で一時間話をしました。しかし、最近聞いたある人のスピーチでは、その話し手はストップ・ウォッチで三分間に持ち時間を制限されていたので、最初に、よく聞いてほしい要点が十一項目あります、と言いました。つまり、一項目当たり十六秒半ずつしゃべる、というのです。仮にも教養のある人がそのような明らかに馬鹿馬鹿しいことをするなんて、信じがたいとは思いませんか？　確かに、私が言っているのは特殊な例ですが、それほどひどくはなくても、初心者は誰でもそういう間違いを犯しがちです。旅行者にパリを一日で見せる駆け足観光ガイドのようなもので、やってできないことはないでしょう。ただ通り抜けるだけなら、アメリカ自然史博物館から三十分で出てくることだって可能なのですから。でも、それでは何もわかりはしないし、楽しくもありません。割り当ての時間内にどれだけ多くのことに触れられるかの世界記録を打ち立てようとでもしているためか、多くの話し手はわかりやすく話そうという配慮に欠けています。話し手は一つの話から次の話へと、まるで野生の山羊のように素早く軽快に飛び移っていくのです。

話というものはだいたいにおいて短くなくてはいけません。ですから、それに合わせて自分の布を裁断しましょう。たとえば、もし労働組合の話をするのなら、労働組合の成り立ちや活動の仕方、その功罪、労働争議の解決法などを、三分や六分以内に話そうなどとしてはいけません。とんでもないことです。無理にそんなことをすれば、誰にもあなたの話の内容がはっきりつかめないでしょう。すべてがごちゃ混ぜになって、焦点がぼけてしまい、あまりにも表面的にただあらましを述べただけに終わってしまいます。

労働組合のある面にしぼって、それについてじっくり話をし、実例を示すほうがよいのではないでしょうか？　そのとおりです。そういうスピーチから受ける印象はただ一つ、わかりやすく聞きやすく、覚えやすいということです。

しかし、もしもスピーチの中でいくつかの点に触れなければならないとしたら、最後に簡単にまとめるとよいでしょう。するとどんな効果があるか、お見せしましょう。以下はこの授業の「まとめ」です。これを読むと、本章で述べられてきたことがいっそうわかりやすく、理解しやすくなると思いませんか？

### ◈まとめ◈

一、わかりやすく話すことは非常に大切であり、また、非常に難しい場合が多い。キリストは「彼ら（聞き手）は見えていても見ない。聞こえていても聞かない。また、悟りもしない」から、たとえによって教えなければならないのだと言った。

二、キリストは聞き手が知らないことを、知っている物事にたとえることによって説教をわかりやすくした。主は神の王国をパン種、海に投げる網、真珠を仕入れる商人にたとえた。「汝、見習うべし」。アラスカの大きさを聞き手にわからせたいなら、その面積を平方マイルなどの数字で示さないこと。その中にアメリカのこれらの州がすっぽり入るというふうに話す。人口がどのくらいかを示すなら、いま自分が講演をしている町の人口と比較する。

三、素人を相手に話す時は、専門用語を避ける。リンカーンを見習って、どんな子供にも理解できるような平易な言葉で話すようにする。

四、自分の話したいことが、頭の中で真昼の太陽のように明確になっているかどうかをまず確かめる。

五、視覚に訴える。実物や写真を見せたり、できれば図解したりする。具体的に言うこと。「右目の上に黒い斑点のあるフォックステリア」の話をしているのなら、「犬」というだけで済まさないこと。

六、大事なことは繰り返す。ただし、同じ言葉をそのまま繰り返してはいけない。言いまわしに変化を加え、話の内容だけを繰り返して、聞き手にそれと気づかれないようにする。

七、抽象的な話は、あとから一般例を示してわかりやすくする。さらには具体例も挙げればいっそうよい。

八、あまり一度に多くのことに触れようとしてはいけない。短いスピーチの中で適切に扱うことができるのは、大きな題材のせいぜい一つか二つまでだ。

九、最後に、自分が話したことの要点を短くまとめる。

# 第11章 聴衆に興味を起こさせる方法

あなたが今読んでいるこのページ、あなたが見ているこの一枚の紙、それは非常にありふれていますね。あなたはこれまでにこういうページを数え切れないほど見てきています。それは今は何ということもない、つまらないものに見えます。しかし、もし私がそれについて不思議な事実をお話しすれば、あなたはきっと興味を持つことでしょう。さあ、やってみましょう。このページは見かけは丈夫そうですね。ところが、本当はクモの巣のようなものですよ。物理学者はそれが原子でできていることを知っています。原子はどれくらい小さいのでしょうか？　私たちは第10章で、一滴の水の中には地中海を満たしている水滴と同じくらいの数の原子が含まれていること、そしてその数は、世界中の草の葉の数と同じくらいであることを学びましたね。では、この紙をつくっている原子は、いったい何でできているのでしょうか？　電子と陽子というさらに小さなものでできているのです。

これらの電子は皆、原子の中心にある陽子のまわりをまわっていて、その電子と陽子の間は、たとえて言えば、月と地球ほども離れています。そして、この小さな宇宙の中のこれらの電子は、一秒間におよそ一万六千キロという実に驚くべき速さで、独自の軌道上をぐるぐるまわっています。ですから、あなたが今、手に持っているその一枚の紙を構成している電子は、あなたがこの文章を読みはじめてから、ニューヨーク―東京間に相当する距離を動いたことになるのです。

そして、あなたはつい二分前にはこの一枚の紙を静止した、退屈な、生命のないものと思っていたかもしれませんが、実際には、それは神の神秘の一つなのです。それはまぎれもないエネルギーの台風なのです。

あなたが今、この一枚の紙に興味を覚えたとすれば、それはその紙について新たに不思議な事実を知ったからです。人の興味をかき立てる秘訣はそこにあります。これこそは重大な真理であり、私たちは毎日の生活の中でこのことをせいぜい活用するべきです。まったく新しいものには興味が湧かないものです。また、反対にまったく古いものも私たちには魅力がありません。私たちは古いものについて何か新しいことを聞きたいのです。たとえば、イリノイ州の農民にフランスのブールジュ大聖堂や名画モナリザの話をしても興味を持ってはもらえません。彼にとってあまりにも耳新しいことだからです。彼が今まで興味を持ってきたことと何のつながりもないからです。しかし、「オランダの農民たちは海面よりも低い土地を耕し、溝を掘ってそれを垣根の代わりに、また橋をつくってそれを門の代わりにしている」という話だったら、イリノイの農民も興味を持って聞いてくれます。また、「オランダの農民たちは冬の間、牛を家族と同じ屋根の下で飼っているので、時々牛がレースのカーテン越しに吹雪を眺めている」という話をすれば、そのイリノイの農民は口をあんぐり開けてあなたの話に聞き入ることでしょう。彼は牛や垣根のことならよく知っています。おわかりのように、これはなじみ深いことについての耳新しい話なのです。「レースのカーテンだって！　牛がかい！」と彼は叫ぶことでしょう。「こいつはたまげた！「そして彼は、このことを友達に話して聞かせることでしょう。もう一つ話があります。面白いかどうか、読んでみてください。もし面白いとしたら、それはなぜでしょうか？

## ◉硫酸はあなたとどんな関わりがあるか

液体は、我がアメリカではたいていパイント、リットル、ガロン、バレルなどの単位で計ります。私たちは普通、ワイン何リットル、牛乳何リットル、糖蜜何バレルという言い方をします。新しい油田が見つかると、一日の生産高は何バレルという言い方をします。ところが、生産高も消費高も非常に大量であるため、計量単位としてトンが使われる液体があります。この液体が硫酸です。

硫酸は日常生活のさまざまなところで使われています。もしも硫酸がなかったら、車は動かなくなり、馬や馬車の時代に逆戻りすることになるでしょう。なぜなら、灯油やガソリンの精製用に、硫酸が大量に使われているからです。オフィスの中を照らし、食卓を明るくし、夜ベッドへ導いてくれる電灯にも、硫酸は欠かせないのです。

皆さんが朝起きて風呂に入ろうと湯を出す時、ニッケルめっきの蛇口をひねりますね。この蛇口をつくるにも硫酸が必要なのです。エナメルの浴槽を製造する最終工程にも硫酸が必要です。石鹼の原料の多くは獣脂か油で、その処理にも硫酸が使われています。タオルはあなたの手元にくるまでにすでに硫酸の洗礼を受けています。ヘアブラシの毛の加工にも硫酸は必要ですし、セルロイド製のくしも硫酸がなければつくれません。かみそりだって、その製造工程で焼きなましたあと、硫酸で洗います。

皆さんはまず下着を身につけ、それから服を着てボタンをはめますね。漂布業者や染料の製造業者、染物業者も硫酸を使います。ボタンの製造業者も仕上げに硫酸を使います。皮なめし業者も皮を靴に加工するのに硫酸を使っています。私たちが靴を磨く時にも硫酸が役に立ってくれています。

さて、朝食をとりに二階の寝室からダイニングルームに降りてくるとします。コーヒー・カップと受け皿は、模様も何もない白地のもの以外は、どれも硫酸がなければつくれなかったでしょう。これらの陶磁器に、金その他の色の装飾を施すのにも硫酸が使われています。スプーン、ナイフ、フォークなど、銀めっきのしてあるものは、どれも硫酸で洗ってあります。

食パンやロールパンの原料である小麦を育てるには燐酸肥料が使われます。この燐酸肥料の製造にも硫酸が欠かせません。そば粉からつくったケーキにシロップをかけて食べるとすると、そのシロップの製造にも硫酸が使われているのです。

とまあこんな具合に、一日中あなたは硫酸と関わりを持っています。どこへ行こうと、その影響から逃れることはできません。硫酸がなければ戦争をすることも平和に暮らすこともできません。ですから、人間にとってこれほど欠かせない硫酸が、一般の人にはまったくなじみのないものであるということは、ほとんどあり得ないことのように思えます。ところが、それが実情なのです。

## ●人間がこの世で最も関心を持つ三つのこと

人間にとってこの世で最も関心のある三つのこと、それは何だと思いますか？　セックス、財産、宗教です。セックスによって私たちは生命を生み出し、財産によってそれを維持し、宗教によって来世に希望をつなぎます。

しかし、私たちに関心があるのは、自分のセックスであり、自分の財産であり、自分の宗教です。私たちの関心は、自らの自尊心のまわりに群がり集っているのです。

私たちは「南米のペルーではどのように遺言状をつくるか」などという話には関心がありません。しかし「私たちの遺言状をどうつくるか」という話なら興味を覚えるかもしれません。私たちはヒンズー教には、好奇心は別として、関心がありません。しかし、来世での永遠の幸福を私たちに約束してくれる宗教には重大な関心を持ちます。

ノースクリフ卿は、人間の関心を呼ぶものは何かと尋ねられた時、一言、「自分自身」と答えました。それを知っていたからこそ、ノースクリフ卿はイギリスで最も富裕な新聞社主になれたのでしょう。

あなたは自分がどういう種類の人間か知りたいと思いますか？　さて、いよいよ私たちに関心のある話題になりましたね。私たちはあなたのことを話しているのですから。あなたが本当の自分を鏡に映し出し、あなた自身のありのままの姿を見る方法を紹介します。それは、あなたの白昼夢に注目することです。〝白昼夢〟とは何でしょうか？　ジェイムズ・ハーヴェイ・ロビンソン教授に答えてもらいましょう。次に挙げるのは『The Mind in the Making（精神の発達過程）』からの抜粋です。

> 私たちは誰でも目覚めている間、ずっと何かを考えているように思える。そして、たいていの人は自分が眠っている間も、起きている時以上に、ひたすら考え続けていることに気づいている。何か実際的な問題にかまけている時以外は、今や「白昼夢」という呼び名で知られているものを見ている。これは、私たちが無意識のうちに好んで行なっている思考の一形態である。私たちは自分の思いが何かに向かうのにまかせている。何に向かうかは私たちの希望や恐怖、無意識の願望、その願望の達成や挫折、好きなものや嫌いなもの、愛情や嫌悪、憤りなどによって決まる。私たちにとって最大の関心事は

自分たち自身以外に何もない。多少とも無理にコントロールされたり、方向づけられたりしているものを除くすべての考えは、どうしても最愛の「自分自身」のまわりをぐるぐるまわり続けざるを得ないのだ。自分自身や他人の中にこのような心の働きを見ることは、おかしくもあり悲しくもある。私たちは礼儀正しく寛大にもこの事実に目をつむりがちであるが、思い切って目を向けてみると、それは真昼の太陽のようにはっきり見えてくる。

　私たちの白昼夢は自分自身の基本的な性格を調べるための主索引のようなものだ。白昼夢には、しばしば秘められ、忘れ去られた体験によって修正された私たちの性格が投影されている。白昼夢につきものの、執拗に自己を賛美し正当化しようとする傾向が、私たちのあらゆる思索に影響を及ぼしていることは間違いない。

　ですから、あなたが話をする相手は、家事や社会福祉活動やビジネスの問題にかまけていない時は、たいていいつも自分のことを考え、自分を正当化し、賛美している人たちだということを忘れないようにしましょう。一般に人は、イタリアがアメリカに債務を返済する話よりも、自分の店の料理人にやめられることのほうが気になるものなのです。普通の男性には南アフリカの革命よりも、かみそりが切れないことのほうが重大問題なのです。また、普通の女性には、アジアに地震が起こって五十万人の生命が失われたというニュースよりも、自分の歯痛のほうが切実な問題なのです。また、一般に女性は、歴史に残る十人の偉人の話を聞かせてもらうよりも、自分のことで何か一言でもお世辞を言ってもらったほうがよほどうれしいのです。

## ◉座談の名手になるには

非常に多くの人が座談下手なのは、自分に関心のあることばかり話すからです。そんな話は、相手にとってはうんざりするほど退屈なのです。やり方を逆にしましょう。相手の人にとって関心のあること、その人の仕事、その人のゴルフのスコア、その人の成功談、母親だったら彼女の子供の話をしてくれるように仕向けるのです。そうしてそれを熱心に聞いてあげれば、相手を喜ばせることになります。結果的にあなたは、それほど話をしたわけでもないのに、話し上手ということになるのです。

フィラデルフィアのハロルド・ドワイト氏は、パブリック・スピーキング・コースの最後を飾る夕食会で、非常に素晴らしいスピーチをしました。彼は同じテーブルの全員について、各人が講座がはじまったばかりの頃の話し方はどうだったか、その後どう進歩したかを語り、各人のスピーチとそれぞれが取り上げた題材について自分の感想を述べました。さらに、何人かの同席者の特徴をやや誇張して真似て見せたりもしました。皆が笑い、喜んだことは言うまでもありません。そういう題材なら、誰だって失敗することはないでしょう。それはまったく理想的な話題でした。その場に集まった人たちにとって、これほど関心のある話題はなかったからです。ドワイト氏は人の心をつかむ術を知っていたのです。

## ◉二百万人の読者を獲得したアイディア

数年前、アメリカン・マガジン誌が驚くほどの躍進を遂げました。同誌の発行部数が突然飛躍的に伸びたことは、出版界で大評判になりました。その秘密ですか？　それはジョン・M・シダールと彼のアイディアにありました。私がはじめてシダールに会った時、彼はその雑誌の「面白き人々」欄の責任者でした。彼に頼まれていくつか記事を書いたことがありましたが、ある日彼は腰を落ち着けて、私にゆっくり話をしてくれました。

「人間なんて自分勝手なものです」と彼は言いました。「彼らが関心を持っているのは主に自分のことばかりです。鉄道を国有化すべきかどうかということよりも、どうすれば自分が昇進できるか、どうすれば給料が上がるか、どうすればいつも健康でいられるか、といったことに関心があるのです。ですから、もしも私がこの雑誌の編集長だったら、歯の手入れ法、入浴法、夏の涼しい過ごし方、職探しの仕方、従業員を上手に使うこつ、家の買い方、記憶術、文法的な間違いの克服法といったことを取り上げますね。人は常に人間味あふれる話に興味を持ちます。ですから、私だったら、どこかの大金持ちに、不動産でどうやって百万ドル儲けたかというような話をしてもらったり、大銀行家やいろいろな会社の社長に、権力と富への競争をどう勝ち抜いたか話してもらうでしょうね」

その後間もなくシダールは同誌の編集長になりました。その雑誌は当時発行部数も少なく、業績もあまり振るいませんでした。そこで、シダールは自分の考えを即座に実行に移したのです。反響ですか？　それはもう大変なものでした。発行部数は二十万部、三十万部、四十万部、五十万部とうなぎのぼりに増えていきました。この雑誌には一般の人々が求める何かがあったのです。間もなく月に百万人の購読者を持つようになり、それから百五十万人に、ついには二百万人に増え、その後何年間もその数は増え続けました。シダールは読者の自己中心の関心に訴えたのです。

## ◉常に関心をとらえて離さないスピーチの題材

いろいろなものとか考えとかを話題にすれば、人を退屈させることがあるかもしれません。しかし、人を話題にすればまず失敗することはありません。明日もアメリカ各地の裏庭の塀ごしに、また家庭のお茶や夕食のテーブルで、何百万という会話が交わされることでしょう。その中で皆が一番夢中になる話題は何でしょうか？　それは噂話です。誰それ氏がこう言った、誰それ夫人が何々をした、彼女がこんなことをするのを見た、彼が「大儲け」をした、などといったことです。

私は、アメリカやカナダで学校の子供たちを相手に話をしたことが何度もあります。そして間もなく経験から学んだことは、彼らの注意を引きつけておくには、人を話題にしなければ駄目だということでした。私が漠然とした抽象的な話をはじめると、子供たちはたちまち落ち着きがなくなり、もぞもぞしはじめるやら、友達に向かってしかめっ面をしてみせるやら、通路ごしに物を投げるやら、といった騒ぎになってしまいます。

私はかつて、パリでアメリカ人ビジネスマンたちを集めて、「成功する方法」という題材でそれぞれスピーチをしてもらったことがあります。そのうちの大部分の人はいくつかの日常的な美徳をたたえ、その大切さを説き、それについて説教めいたことを言って、聞き手を退屈させました（ついでながら、私は最近、アメリカの最も有能なビジネスマンの一人が、ラジオでまったく同じ題材で話をしているのを聞きましたが、その人もまったく同じ間違いを犯していました。婦人クラブ会員や巡回講師にしても同じことです）。

そこで私は、このパリでのパブリック・スピーキングのクラスを中断して、次のようなことを言いました。「私たちはお説教を聞きたいわけではありません。そんな話は誰にとっても面白くありませんよ。人を楽しませなければいけないということをお忘れなく。そうでないと、あなたが何を話そうと、私たちは聞く気がしなくなります。この世で一番面白いのは、高尚で少し美化された噂話だということも忘れないようにしていただきたい。ですから、あなたが知っている二人の人のことを話してください。一人がなぜ成功し、もう一人はなぜ失敗したか、話してみてください。私たちはそういう話なら喜んで聞くでしょうし、それを心にとどめ、教訓にするでしょう。それに、ついでに言えば、今あなたがなさっているような、まわりくどい抽象的なお説教よりも、そのほうがずっと話しやすいと思いますよ」

そのコース参加者の中に、どうしてもスピーチを楽しむことができず、したがって聴衆を楽しませることもできない人がいました。しかし、その夜は、何か人間味のある話をするとよいという私の提案を受け入れ、大学時代の二人の同級生の話をしました。そのうちの一人は倹約家で、街のいろいろな店でワイシャツを買い、どれが一番洗濯に強く、長持ちし、支払った代金の一ドル当たりの効用が高いかを示すグラフをつくりました。彼の頭はいつも細かい金勘定でいっぱいでした。在籍していたのは工学部でしたが、彼は自分自身を高く評価していたので、卒業しても他の卒業生たちのように、下積みから出発して少しずつ昇進していくのは気が進みませんでした。三年目の同窓会がやってきても、彼は相変わらずワイシャツの洗濯グラフをつくりながら、何か素晴らしいことが自分の身の上に訪れるのを待っていました。しかし、そんな日はついにやってこなかったのでした。以来二十五年がたちましたが、満たされず苦い思いを抱きながら、この男は今も低い地位にとどまっています。

そのあと、この話し手は、今の失敗例と対比させて、予想以上の成功を収めたもう一人の同級生の話をしました。その男は人づきあいのよい男で、誰にでも好感を持たれていました。いつか大きなことをしようという野心は抱いていましたが、最初は製図者としてはじめました。しかし、彼はいつもチャンスを狙っていました。ニューヨーク州のバッファロー市で全米博覧会の開催計画が進められていて、そこで技術者が求められていることを知ると、フィラデルフィアでの勤めをやめ、バッファロー市に転居しました。持ち前の人当たりのよさから、間もなく彼はバッファロー市でかなり政治的影響力を持つ人物と親しくなりました。二人でパートナーを組んで直ちに契約請け負い業をはじめ、電話会社の注文でかなりの仕事をこなしました。そしてついにはその縁で、この電話会社に高給で採用されました。今ではウェスタン・ユニオン電報会社の筆頭株主という大変な大金持ちになっています。

ここに挙げたのは、一人の話し手が語ったことのごくあらましにすぎません。興味深く人間味あふれるこまごまとした出来事がふんだんに盛り込まれた彼のスピーチは、面白く、ためになるものでした。いつもは三分間のスピーチの題材を見つけるのにも苦労している彼が、どんどん話し続けました。そして、話を終えて、聴衆をその場に三十分間も釘づけにしていたことを知った時は、本人も言葉にならないほどの驚きようでした。そのスピーチがとても面白かったので、誰にもとても短く思えたのでした。それは、この受講生がはじめて体験した本物の勝利でした。

この出来事はあらゆる人にとって教訓となります。人間味あふれる内容がたっぷり盛り込まれていさえすれば、ありふれた話のほうがはるかに人を引きつけるのです。要点を二つか三つにしぼって、具体的な事例を示すべきです。スピーチをそのように構成すれば、必ず聞き手の関心を引きつけ、その関心を持続させていくことができます。

できれば、それに苦心談、つまり何かを求めて悪戦苦闘し、ついに勝利を得たという話を盛り込むべきです。私たちは誰でも戦いや闘争には大いに心を引かれます。「世間は恋する者の味方」という古いことわざがありますが、これは事実に反しています。世間の人が好むのは、つかみ合いの喧嘩です。恋する二人の男が一人の女性をめぐって争うのを見るのが好きなのです。そういう例なら、文学作品、雑誌の連載小説、メロドラマ映画などの中にいくらでも見つけることができます。あらゆる障害が取り除かれ、見事に主人公の男性がいわゆるヒロインをその胸にしっかと抱くと、とたんに観客は帰り支度をはじめるのです。五分後にはもう掃除のおばさんたちが、ほうきを手に、噂話の花を咲かせているというわけです。

雑誌の連載小説は、ほとんどすべてこういうお決まりの筋立てになっています。まず、読者を主役の男女になったつもりにさせて、何かを一心に思いこがれるように仕向けます。その何かを手に入れることは不可能なように思わせておいて、愛し合う二人がそれをどのように戦い取るかを見せるのです。

ビジネスや専門職の世界で、心をくじけさせるようないろいろな障害にもめげずに戦い、ついには勝利を収めるというような話は、誰にとっても常に感銘深く興味をそそられるものです。ある雑誌の編集長がかつて私に語ったことですが、他人の日常的な嘘偽りのない内幕話ほど面白いものはないのです。人が苦闘した体験を持っている限り。そういう体験を持たない人がいるでしょうか？　その人の話は、語り方さえ当を得ていれば、必ずや人の心を打つはずです。

## ◉具体的に話すこと

以前、私どものパブリック・スピーキングの同じコースに、哲学博士と、三十年前にイギリス海軍で青春を過ごしたという荒くれタイプの男が居合わせました。洗練された学者のほうは大学教授で、一方、七つの海を股にかけてきたというもう一人の受講生は、狭い通りにも入れる小型トラックを使って小規模な引っ越し運送業を営んでいる人でした。奇妙なことに、そのコースの全期間を通じて、運送業者の話は大学教授の話よりもはるかに人気がありました。なぜでしょうか？　大学教授氏は、美しい英語と教養豊かな洗練された物腰で理路整然とわかりやすく話をしたのですが、彼の話には肝心なものが一つ欠けていました。それは具体性です。話があまりにも漠然としていて、一般論的だったのです。一方、仕事に直結したオーナー運送業者氏の話は明確で具体的でした。そういう持ち味に、男らしさと生き生きとした言葉遣いも手伝って、彼の話は実に面白かったのでした。

私がこの例を持ち出したのは、何もそれが大学教授とか引っ越し運送会社の社長といった職業の人たちの典型を示しているからではなく、面白く話す能力というものは、正式な教育を受けているいないにかかわらず、具体的かつ明確に話すという幸せな習慣を持つ人に自然と備わるものであることを、この例が示しているからです。

このことはとても大切なので、しっかり心にとどめておいていただけるように、いくつか例を挙げておこうと思います。決してこのことを忘れたり、なおざりにしたりしないでください。たとえば、「マルティン・ルターは少年時代『強情で手に負えない子供』だった」と言うのと、「マルティン・ルターが打ち明けた話だが、彼は先生に『午前中に十五回』も鞭で打たれたそうだ」と言うのと、どちらの言い方のほうが面白いと思いますか？「強情で手に負えない」というような言葉はあまり注意を引きません。しかし、鞭打ちの回数なら、もっとすんなり耳に入ってきませんか？

伝記の旧式な書き方は、アリストテレスがいみじくも、「弱い頭の持ち主たちの逃げ場所」と呼んでいる一般的な事柄をたくさん扱うことです。新しい書き方は、真実を雄弁に物語るような具体的事実を扱うことです。旧式の伝記作家は、誰それは「貧しいが正直な両親」から生まれたと書きます。新しいやり方なら次のように書くことでしょう。誰それの父はオーバーシューズを買う余裕もなく、雪が降ると、足が濡れたり冷えたりしないように、靴のまわりにぼろ切れを巻きつけなければならなかった。しかし貧乏であったにもかかわらず、彼は決して牛乳を水で薄めて増やしたり、肺気腫の馬を健康な馬と偽って売ったりはしなかったと。こう書けば、彼の両親が「貧しいが正直」だったことがよくわかるのではないでしょうか？　そしてまた、「貧しいが正直」式の書き方よりも、事実をはるかにずっと興味深く表現しているのではないでしょうか？

この手法が現代の伝記作家に役立つのであれば、現代の話し手にも役立つはずです。

もう一つ例を挙げましょう。たとえば、ナイアガラの滝を水力エネルギーとして考えると、一日に浪費される馬力数は膨大なものだということを話すとします。そのことを言ってから、さらに、もしそのエネルギーが活用され、それから生まれる収益が生活必需品の購入に充てられるなら、大勢の人の衣食をまかなうことができるとつけ加えるとしたら、その話は興味深く面白いでしょうか？　いいえ、まず面白くはないでしょう。次のような話し方のほうがはるかによいのではないでしょうか？　これは「Daily Science News Bulletin（科学日報）」に載ったエドウィン・S・スロッソンの文章からの引用です。

この国には、貧しくて食べるものにも事欠く人々が何百万人もいると言われています。しかし、ここナイアガラの滝では、一時間に二十五万個の食パンが無駄になっています。心の目を開けば、毎時六十万個の新鮮な卵が断崖を落ちていき、滝壺の中で巨大なオムレツになっていく様子が見えることでしょう。ナイアガラの滝と同じ一千二百メートル幅の綿布が、機織り機から絶え間なく織り出され、流れ去っていると考えれば、どれだけの富が流れ去っていくかがわかるでしょう。もし〝カーネギー図書館〟を滝が落ちる下に据えておけば、一、二時間でこの図書館は良書でいっぱいになることでしょう。あるいはこの滝の上流にあるエリー湖から、毎日大きなデパートが一軒ずつ滝を流れ落ちてきて、そのデパートの中に陳列されているいろいろな商品が、五十メートル下の岩に当たって砕け散る光景を空想することもできましょう。それはさぞかし面白く、気晴らしになるような眺めであり、これを見る群衆にとって、それは現在の眺めと同じくらい魅力的で、それに維持費も大差ありません。しかし、こういう話をすると、現在この落下する流れの力を利用することに反対している人たちの中には、贅沢だという理由でこれに反対する人がいるかもしれません。

## ◉絵を目の前に浮かび上がらせるような言葉

聞き手の関心を引きつけておく方法を考える場合、そのような方法づくりに役立つ技術が一つあります。とても大切なのに、ほとんど無視されている技術です。普通の話し手はこういう技術があることに気づいていないようです。たぶん、意識して考えてみたことは一度もないでしょう。私が言いたいのは、目の前に浮かび上がるような絵をつくり出す、言葉を使うその方法です。思わず引き込まれていくような話し手というのは、あなたの目の前にイメージを彷彿とさせてくれる人です。曖昧で、ありきたりな、精彩のない言葉では、聞き手は居眠りをしてしまいます。

絵！　絵！　絵はあなたが呼吸する空気と同じように自由です。スピーチや会話の全体を通して絵を振りまきましょう。そうすればあなたの話はもっと面白く、印象深いものになることでしょう。

たとえば、先ほど引用したナイアガラの滝についての文章を読んでみましょう。目の前に絵が浮かび上がるような言葉に注目してください。それらは一つ一つの文章の中で、まるでオーストラリアのウサギのように、しきりに飛び跳ね、走りまわっています。「二十五万個の食パン、崖から落ちる六十万個の卵、滝壺の中の巨大なオムレツ、一千二百メートルの幅で機織り機から織り出される綿布、滝の下に据えられた〝カーネギー図書館〟と膨大な数の蔵書、ぷかぷかと流れ落下する巨大なデパートの建物、それが砕け散る光景、下のほうに見えるたくさんの岩、そして落下する滝」

このようなスピーチや記事を無視することはまず不可能でしょう。ちょうど、映写機にかけられたフィルムが、映画館のスクリーンの上に映し出す映像から片時も目を離すことができないように。

ハーバート・スペンサーは『The Philosophy of Style（文体の哲学）』について触れた有名な小エッセイの中で、目の前に絵を浮かび上がらせるような鮮やかな言葉の素晴らしさを、はるか昔に次のように指摘しています。


彼は言う。

「我々は一般的にではなく、個別的に考える。だから次のような文章は避けなければいけない。

『国民の風俗、習慣、娯楽が残酷かつ野蛮であれば、その国の刑法規定も厳しいものになるだろう』

こういう文章を書く代わりに、我々は次のように書くべきだ。

『戦闘や闘牛や剣闘士の戦いを好む国民ほど、絞首刑や火あぶり、拷問といった残酷な刑を科すものだ』」

目の前に絵を浮かび上がらせるような語句は、聖書やシェイクスピアの作品の中に、リンゴ酒のしぼり機に群がる蜂のように、無数に見られます。たとえば、平凡な作家なら、「不必要なことをする」という場合、「完全なものを改善しようとするようなものだ」と表現します。同じことをシェイクスピアはどう表現したでしょうか？　目の前に絵が浮かび上がるような不朽の言葉で、次のように言いました。「純金に金めっきを施し、ユリの花に彩色し、スミレに香水を振りかけるようなもの」と。

時代から時代へ受け継がれていることわざは、ほとんどすべて、目に見えるような言いまわしであることを、一度でも立ち止まって考えたことがありますか？　「手の中の一羽の鳥は、茂みの中の二羽の鳥の値打ちがある」「降ればいつもどしゃ降り」「馬を水辺へ連れて行くことはできても、水を飲ませることはできない」。また、何世紀も生き続け、あまり使われすぎて陳腐になってしまった「たとえ」にしても、そのほとんどに同じような絵画的要素が含まれています。「キツネのようにずるい」「ドアの飾り釘のように完全に死んでいる」「パンケーキのように平べったい」「岩のように硬い」

リンカーンはいつも目に見えるような言葉を使いました。ホワイト・ハウスの自分の机の上に、お役所言葉で書かれた長文のややこしい報告書がいくつもまわってくるのにうんざりした彼は、文句を言いました。無味乾燥な言葉遣いではなく、一度読んだら忘れられない、目に浮かぶような言葉を使うようにと。「誰かに馬を買いに行かせた時は、しっぽに何本毛が生えているかなんてことを知りたいのではない。知りたいのは、どんな馬かということだ」

### ◉関心を引きつける〝対照の妙〟

イギリスの政治家で歴史家・エッセイストとしても有名なマコーレーが、チャールズ一世を非難した次の言葉に耳を傾けてください。マコーレーが目に浮かぶような言葉を使っているだけでなく、対照的なことを述べた文章を二つ並べていることに注目してください。際立った対照はいつも私たちの注意を引きます。それは次の一節のように、まさに煉瓦とそれを接合しているモルタルとでも言うべきでしょう。

我々は戴冠式の誓いを破った罪により王を告発する。しかるに王は結婚の誓いは守っていると答えている！　我々は短気な高位聖職者が国民に無慈悲な刑罰を科すのを黙認した罪により王を告発する。これに対して王は、小さな息子をひざに抱き、キスをしたと抗弁している！　熟慮のうえ「権利の請願」を守ると約束しておきながら、これに背いた罪により王を告発する。しかるに王は、毎朝六時にお祈りを聞くことにしていたと答えている！　王がこの時代の人々に人気があるのは、フランドル絵画の巨匠ヴァン・

ダイク風の衣装やハンサムな顔、尖ったあごひげなどに加えて、以上のような点が考慮されたためであると我々は固く信じている。

## ◉興味は伝染する

聴衆に興味を起こさせる材料について、これまでいろいろ話してきましたが、ここに示したことをすべて機械的に守って、そのまま正確に話したとしても、味気ない退屈な話しかできないかもしれません。相手の関心を引きつけ、そのまま持続していくということは微妙な問題、つまり感覚と気分の問題なのです。蒸気機関を動かすのとは違って、正確なルールを示すことは不可能なのです。

覚えておいてほしいのは、興味は伝染するということです。あなた自身があまり興味を持てないでいると、聞き手はまず確実にそのことに気づきます。少し前、ボルティモア市で講座を開いていた時、一人の紳士が立ち上がって聴衆に向かい、チェサピーク湾でカサゴ漁を今のまま続けていると、あと数年で種が絶滅してしまう恐れがある、と言いました。彼はそれを自分の問題としてとらえていました。重大な問題だと言うのです。彼がそのことを真剣に心配していることは、話の内容や話しぶりのすべてににじみ出ていました。彼が立ち上がって話しはじめた時、私はチェサピーク湾にカサゴというような生物がいると は知りませんでした。聴衆のほとんどは、たぶん私と同じようにその魚のことを知らないだろうから、その話に興味を持たないだろうと私は思いました。しかし、話が終わらないうちに、私たちは皆、彼の心配事がいくらか理解できるようになっていました。カサゴを法律で保護するよう州議会に請願するというのであれば、私たちは皆、喜んで署名したことでしょう。

私はかつて、当時アメリカのイタリア駐在大使だったリチャード・ウォッシュバーン・チャイルド氏に、作家として彼が成功した秘訣を尋ねました。すると氏は次のように答えました。「私は人生が楽しくて、じっとしていられません。そして、その私の思いを人に話さないではとてもいられないのです」。人は、そのような話し手や作家には心を奪われずにはいられないものです。

私はロンドンである人のスピーチを聞きました。話が終わると、私の連れの一人でE・F・ベンソンという有名なイギリスの作家が、その話の最後の部分が最初の部分よりもはるかに面白かったと言いました。私がその理由を尋ねると、彼は答えて言いました。「話し手自身が最後の部分のほうに興味を持っているようだったからです。私の場合、話に感激するのも、興味を持つのも、いつも話し手次第なんです」

それは誰についても言えることです。このことをよく覚えておいてください。

## ◈まとめ◈

一、私たちは平凡な事柄についての非凡な事実に興味を抱く。

二、私たちの主な関心事は自分自身だ。

三、人にその人自身のことや、その人に興味のあることについて話をさせて、熱心に耳を傾けてあげる人は、自分ではほとんど何も話をしなくても、一般に話し上手とみなされる。

四、美化された噂話、誰かについてのちょっといい話はたいていいつも成功し、人を引きつける。要点を二、三にしぼり、人間味あふれる実例を示すのがよい。

五、具体的に、また、明確に話す。「貧しいけれど正直」式の話し方をしないこと。マルティン・ルターは子供時代「頑固で強情」だったなどと言うだけではなく、その事実を述べたあとで、「午前中だけで十五回」も先生に鞭で打たれた、などとはっきり言う。そうすれば一般的な話から一変して、明確で、印象深い、面白い話になる。

六、目の前に絵を浮かび上がらせるような語句、つまり眼前にイメージが彷彿とするような言葉をスピーチの中にちりばめること。

七、できれば二つの対照的な文章を用いてそれぞれの考えを対比させる。

八、興味は伝染する。もし話し手が具合の悪い状態にあると、その具合悪さは、たちまち聴衆にうつってしまう。しかし、それを克服するには単にルールを機械的に守っているだけでは駄目だ。

第12章

# 言葉遣いを改善する

職も蓄えもない一人のイギリス人が、フィラデルフィアの通りを職探しに歩いていました。彼はその町の有名な実業家ポール・ギボンズ氏の事務所へ入っていき、面会を求めました。ギボンズ氏は見知らぬ男を怪訝そうに眺めました。男の身なりはとても立派とは言えないものでした。着古され、すり切れた衣服をはじめ、その全身から、経済的によほど困っているらしいことがありありと見てとれました。しかし、半ば好奇心、半ば同情から、ギボンズ氏は面会に応じました。最初はほんのちょっと話を聞くだけのつもりでしたが、ちょっとが数分になり、数分が一時間になっても、二人はまだ話し続けていました。話が終わったのはギボンズ氏が電話をかけたからで、電話の相手はディロン・リード商会のフィラデルフィア支店の支配人ローランド・テイラー氏でした。その町きっての財界人であるテイラー氏は、この見知らぬ男を食事に招待し、よい就職口を世話してくれました。この一見人生の落伍者のような風采と外見の男が、どうしてそんな短時間のうちに、このような素晴らしい関係を結ぶことができたのでしょうか？

その秘密を明かすには、一言で足ります。つまり、彼が英語という言語を自由に使いこなすことができたからです。実は彼はオックスフォード大学の出身で、アメリカにはある事業で来ていたのですが、その事業が大失敗に終わり、資金も知人もないまま、異郷で一人進退きわまっていたのでした。しかし、彼は自分の母国語である英語を非常に正確に、美しく話すことができたので、聞き手は彼の古ぼけた靴やすり切れた上着、ひげだらけの顔のことなど、たちまち忘れてしまったのでした。彼の言葉遣いが、最上級のビジネス社会へ入っていくパスポートになったのです。

この男の話は多少極端な例ではありますが、広く当てはまる根本的な真実を含んでいます。つまり、私たちは毎日の話しぶりによって判断されているということです。言葉には話す人の品性が表われるものです。聞く人が聞けば、どういう人とつきあっているかということまでわかります。言葉は教育と教養の証なのです。

私たちは皆、わずか四つの接点を通して世の中と関わっています。私たちはその四つの物事、つまり私たちの行動、外観、話す内容、話し方によって評価され、類別されます。しかし、多くの人は、学校を卒業してしまうと、語彙を増やしたり、微妙に意味の違う言葉を使い分けたり、正確・的確に話したりしようと意識的に努力することなく、長い人生をうっかりと過ごしてしまうのです。そして、いつの間にか職場や街で交わされる手垢のついた使い古しの言葉に慣れてしまいます。これでは会話に特徴も個性もないのも不思議はありませんし、一般に認められている伝統的な発音法にたびたび違反したり、時には文法そのものを無視したような言葉遣いになるのも無理はありません。私は大学卒の学歴を持つ人までがain'tとかhe don'tとかbetween you and I（訳注＝文法的には、Iではなくmeが正しいとされている）などと言うのを聞いたことがあります。輝かしい学歴を持つ人たちまでが、そういう間違いを犯すとしたら、経済的にゆとりがないために高い教育を受けることができなかった人たちに、何が期待できるでしょうか？

数年前、ローマのコロッセオに立って白昼夢にふけっていると、イギリスの植民地で生まれ育ったという見知らぬ人が近づいてきました。彼は自己紹介をして、この永遠の都ローマで見聞きしたことを話しはじめました。話しはじめて三分もしないうちに、もう彼はyou wasとか、I doneなどと言っていました。この人でも、その朝、起きると靴を磨き、しみ一つないシャツを着て、自尊心を保ち、その日に接することになる誰からも尊敬を得ることができるような身づくろいをしたはずです。ところが、言葉についてはこれを磨いたり、しみ一つない表現の仕方を工夫したりする気配りは、何一つしなかったのです。たとえば、もしも女性に話しかけるのに帽子をちょっと取る仕草をしなかったとしたら、彼はそのことを恥ずかしく思ったことでしょう。しかし、話をする時に文法的な間違いを犯したり、言葉遣いに厳しい聞き手に耳障りなことを言ったりしたことには、恥じていないどころか、気づいてさえもいませんでした。彼は自分自身の言葉によって自らをあらわにし、位置づけ、類別してしまったのです。その悲しむべき言葉遣いは、彼が教養ある人ではないことを世間に向かって絶え間なく、また確実に宣言しているようなものだったのです。

チャールズ・W・エリオット博士は、かつて三十年あまりハーバード大学の総長を務めた人ですが、次のように語っています。「紳士淑女の教養として、これだけはぜひとも身につけていただきたいと常々考えている、知的財産とでも言うべきものが一つあります。それは、母国語を正確に美しく使いこなす能力です」と。これはなかなか含蓄のある言葉です。じっくりとよく考えてみることにしましょう。

「しかし、言葉を熟知し、美しく正確に話せるようになるにはどうすればよいのか」と思われることでしょう。幸い、それには秘密も手品もありません。その秘訣は秘密でも何でもないのです。リンカーンはそれによって大成功を収めました。アメリカ人で、リンカーンほど言葉というものを美しい模様に織り上げた人、散文でそのような妙なる調べを奏でた人は他にいません。たとえば「何びとに対しても悪意を抱かず、すべての人に慈愛をもって」という有名な演説はそのよい例です。父親は大した腕もなく、およそ学問には縁のない大工で、母親にもさほど教養があったわけでもないリンカーン……。そんなリンカーンが、このような言葉の才能に恵まれていたのは、生まれつきのことだったのでしょうか？そのような仮説を裏づける証拠はありません。国会議員に選出された時、彼は政府の公式記録に自分の学歴をたった一言、「欠陥だらけ」と書き記しています。彼は、その生涯を通じて十二カ月以上学校へ行ったことはありません。また、彼のよき師は誰だったのでしょうか？　ケンタッキー州の森ではザカリア・バーニーとカレブ・ヘイゼル、インディアナ州のピジョン・クリークの流れのほとりではエイゼル・ドーシーとアンドリュー・クローフォードといった人たち。彼らは皆、巡回教師たちで、開拓地を転々と流れ歩き、読み書き算術の教授と交換にハム、トウモロコシ、小麦などを喜んで提供してくれる、少数の生徒たちを見つけては、それで何とか食いつないでその日暮らしをしている、そんな人たちだったのです。そのため、リンカーンはそういう人たちから励ましや刺激を受けることなどほとんどなく、また、毎日の生活環境から得られるものも皆無に近かったのです。

イリノイ州の第八司法区で彼が知り合った農民や商人、弁護士、訴訟当事者たちは、言葉についての秘術は持ち合わせていませんでした。しかしリンカーンは、ここが肝心なところですからよく覚えておいていただきたいのですが、自分と知能程度が同じか、自分よりも劣る人とつきあうことで、自分の時間の全部を浪費するようなことはしていませんでした。当代一流の知識人や歌手、詩人たちと親交を結んだのです。彼はバーンズやバイロン、ブラウニングなどの詩をそっくり暗唱できたし、バーンズについての講演の原稿を書き、また、バイロンの詩集を事務所と自宅に一冊ずつ置いているほど、詩には造詣が深かったのです。事務所に置いてあったほうの詩集は、よほど彼が愛読したとみえて、手に取るといつも「ドン・ジュアン」のところが自然に開いたものです。その後、ホワイト・ハウスの主となり、南北戦争の悲劇的な重荷が彼の活力を失わせ、その顔に深いしわを刻みつけるようになった頃でさえ、リンカーンはよく暇を見つけては、イギリスの詩人トーマス・フッドの詩集をベッドに持っていきました。時々夜中に目を覚ましてはその詩集を広げ、特に感動的な詩や面白い詩に出くわすと、起き上がって寝巻きにスリッパ履きで廊下をそっと歩いていき、秘書をつかまえて、その詩を次から次へと読んで聞かせるのでした。ホワイト・ハウスでも時間を見つけてはシェイクスピアの長い一節を暗唱したり、俳優たちの語り口を批評し、自分の解釈に従って実演してみせたりしました。彼は俳優のハケットに次のような手紙を書いています。「私はシェイクスピアの戯曲をいくつか、おそらく普通の読書家の誰にも負けないくらい何度も繰り返し読みました。『リア王』や『リチャード三世』、『ヘンリー八世』や『ハムレット』、なかでも特に『マクベス』を。『マクベス』にまさるものはないと思います。あれは最高です」

リンカーンは心から詩を愛していました。公私の場でよく詩を暗唱して聞かせただけでなく、自分でも詩作を試み、妹の結婚式では自作の長い詩を読み上げました。中年になった頃には、自作の詩でノートが一冊埋まるまでになりましたが、これらの作品については非常に恥ずかしがって、どんな親しい友人にも決して読ませようとはしませんでした。

ロビンソンはその著『Lincoln as a Man of Letters（文人としてのリンカーン）』の中で次のように書いています。

この独学の人は真の教養を身につけていた。それを天才と呼ぶにしろ才能と呼ぶにしろ、彼がそれを身につけた方法は、エラスムスの学習ぶりについて語ったエマーソン教授の言葉を借りれば、「彼はまったく学校へ行くのはやめたが、どこでもある程度の成果を生む唯一の教授法で自分自身を教育した。つまり、自分自身の疲れを知らぬエネルギーによって、絶え間なく学習と実践を繰り返したのだ」

インディアナ州のピジョン・クリーク農場に日給三十一セントで雇われ、トウモロコシの皮むきや豚の屠殺をしていたこの不器用な開拓者が、ゲティスバーグでかつて誰もしたことのないような見事な演説を行なったのです。ゲティスバーグでは十七万人の兵士が戦い、七千人が戦死しました。しかし、連邦上院議員であったチャールズ・サムナーは、リンカーンが亡くなって間もなく、次のように語っています。「この戦いが忘れられたのちも、リンカーンの演説は生き続けるであろう。そしてその戦闘はいつの日か、主としてこの演説ゆえに記憶されることであろう」と。この予言の正しさを疑う人がいるでしょうか？

ハーバード大学の総長や国務長官を務めたエドワード・エヴァレットは、ゲティスバーグで二時間に及ぶ大演説をしました。しかし、彼が語ったことはすべて、とうの昔に忘れ去られてしまいました。一方、リンカーンの演説は二分にも満たないものでした。一人の写真家が演説中のリンカーンを撮影しようとしたのですが、旧式なカメラをセットしてピントを合わそうとしているうちに、演説は終わってしまったと言います。

リンカーンの演説は朽ちることのない青銅に刻まれ、英語で語られた言葉の手本として、オックスフォード大学の図書館に展示されています。仮にもパブリック・スピーキングを学ぼうとする人なら、誰もが心に刻んでおくべき言葉です。

八十七年前、我々の父祖たちは、この大陸に新しい国家を誕生させました。自由の精神に育まれ、すべての人々は平等につくられているという信条に捧げられた国家であります。今私たちは偉大な内戦に参加しております。そのように育まれ、そのような思いが捧げられた国家が、末永く存続できるかどうかが試される戦いであります。私たちはこの戦いの大激戦地に集いました。国家の存続のためにここで命を捧げた人々の最後の憩いの場として、この戦場の一隅を捧げるためであります。これはまことに適切で、当を得たことと申せましょう。しかし、もっと大きな意味では、私たちはこの地を捧げることも、神聖なものとすることも、それに栄光を与えることもできないのです。ここで戦った勇敢な人々が、生死に関わりなく、我々のささやかな力が添えられようが、除かれようが、それよりはるかに多くのものを、すでにこの地に捧げておられるからです。我々がここで語ることは、記録されることはほとんどなく、永く記憶にとどめられることもないでしょう。しかし、彼らがここでなしたことは、決して忘れ去られることはありません。ここで戦った人々が、かくも立派に推し進めてこられた未完の仕事を成し遂げるために、献身しなければならないのは、生きている私たちなのです。ここにいる私たちは、眼前に残された偉大な仕事に命を捧げなければなりません。その仕事とは、名誉ある戦死者からその遺志を受け継ぎ、彼らが最後に多大の献身をなした目的のために、いっそう身を捧げること、これらの人々の死を無駄にすることのないよう固く決意すること、神のもとでこの国に新たに自由を誕生させること、そして人民の、人民による、人民のための政治が、この地上から滅びることのないようにすることなのです。

この演説の締めくくりの不滅の言葉は、リンカーンがつくり出したものであると一般に考えられています。しかし、本当にそうだったのでしょうか？　リンカーンの弁護士時代のパートナーだったハーンドンはその数年前、神学者で奴隷廃止論者でもあったセオドア・パーカーの演説集を、一冊リンカーンに手渡しています。リンカーンはその本の中の「民主主義とはすべての人の、すべての人による、すべての人のための直接の自治である」という言葉を読んで、下線を引いておきました。セオドア・パーカーはその表現を、ダニエル・ウェブスターが四年前にロバート・Y・ヘインに送った有名な返書の中の言葉から借用したのかもしれません。それは「人民による政治は、人民のために、人民によってつくられ、人民に対して責任を負う」というものです。ウェブスターはウェブスターで、その表現を、三十年前に同じ考えを口にした第五代大統領ジェイムズ・モンローから借りたのかもしれません。では、ジェイムズ・モンローはいったい誰から借りたのでしょうか？　モンローが生まれる五百年前に、神学者で宗教改革者のウィクリフが、聖書の翻訳の序文の中で次のように語っています。「この聖書は人民の、人民による、人民のための政治を行なうためのものである」。そして、ウィクリフが生きていたよりずっと以前、キリストの誕生より四百年以上前に、アテネの政治家クレオンがアテネ市民に行なった演説の中で、ある指導者のことを「人民の、人民による、人民のための」と語っています。クレオンがどんな古い源からその着想を得たのかは、太古の霧と闇に包まれていて、知る由もありません。

このように考えていくと、新しいものは何と少ないことでしょう。偉大な雄弁家でも、いかに多くを読書や、書物に関連したものから得ていることでしょう。

書物——ここに秘密があるのです。言葉を豊かにし、語彙を増やしたいと思う人は、絶えず頭を文献という大きな桶の中にひたし、皮をなめすように手入れしなければなりません。ジョン・ブライトは語っています。「私は図書館の前に立つと、いつも一つだけ悲しく思うことがある。それは、人生があまりにも短く、私の前に並べられた豊富なごちそうのすべてを楽しむのは不可能だということだ」。ブライトは十五歳で学校をやめて綿紡績工場へ働きに行き、その後再び学校に戻る機会がありませんでした。しかし、彼はその時代の最も輝かしい雄弁家の一人となり、英語を見事に操ることで有名でした。彼はバイロンやミルトン、ワーズワースやホイッティア、シェイクスピアやシェリーの詩から長い節を取り出し、それを読んで勉強し、ノートに書き写したり、暗記したりしました。彼は毎年『失楽園』を読み返して、言葉の蓄えを豊かにしたということです。

イギリスの政治家チャールズ・ジェイムズ・フォックスはシェイクスピアを朗読して、自分の演説のやり方を改善しました。イギリス首相を四回も務めたグラッドストンは、自分の書斎を「平和の聖堂」と名づけ、そこに一万五千冊の本を備えていました。彼が打ち明けたところによれば、聖アウグスティヌス、バトラー主教、ダンテ、アリストテレス、ホメロスの作品を読んだことが一番役に立ったそうです。彼は『イーリアス』と『オデュッセイア』に魅了され、ホメロスの詩とホメロスの時代についての書物を六冊著わしています。

イギリスの政治家ウィリアム・ピットの学習法は、ギリシア語やラテン語の古典を一、二ページざっと目を通して、それを英語に翻訳することでした。これを毎日十年間続けた結果、「彼は自分の考えを、選び抜かれ、よく整えられた言葉に即座に置き換えるという非凡な能力を身につけた」のです。

アテネの政治家で大雄弁家でもあったデモステネスは、ツキジデスの歴史書を八回にわたって書き写し、あの有名な歴史家の堂々とした感動的な言葉遣いを自分のものにしようとしました。その結果はどうだったでしょうか？　二千年後、アメリカの第二十八代大統領ウッドロー・ウィルソンがデモステネスの書き著わしたものを研究し、自分の文体の改良に努めたのです。イギリス首相を務めたアスキスは、文体を向上させるには聖職者で哲学者でもあったバークリー主教の著書を読むのが一番だと考えていました。

テニソンは毎日聖書を丹念に読みました。トルストイは福音書を何度も繰り返し読み、長い節も暗記するほどだったと言います。イギリスの批評家ラスキンの母は、彼に、聖書の長い章を暗唱したり、毎年一年間かけて聖書を「創世紀から黙示録まで、難しい名前も何もかも、一語残らず」、声に出して読み通すことを日課にさせたそうです。彼の文学の好みや様式は、こういうしつけや学習の賜物であることをラスキン自身認めています。

R・L・Sは英語の中で最も愛される頭文字だと言われています。この頭文字で知られるロバート・ルイス・スティーヴンソンは、どこから見ても作家の中の作家でした。彼を有名にしたあの魅力的な文体は、どのようにしてつくり出されたのでしょうか？　幸い彼はそれを自ら私たちに語ってくれています。

本か何かの一節を読んでいて特に気に入ったものがあると、つまり適切な言いまわしや、非常に効果的な表現が目についたり、あるいは文体に何か著しい力や優れた特徴が見られると、私はすぐにも机に向かって、それを真似てみないではいられなかったものだ。だが、うまくいかない。それは自分でもわかった。もう一度やってみる。また不成功に終わる。いつでもそうだった。しかし、少なくとも、そういう空しい努力を重ねるうちに、文章のリズム、調和、構成、各部分の調整の仕方などを、いくらかは学ぶことができた。私はこのようにしてハズリット、ラム、ワーズワース、トーマス・ブラウン卿、デフォー、ホーソーン、そしてモンテーニュをせっせと真似てきた。

好むと好まざるとにかかわらず、これが文章の書き方を学ぶ道なのだ。私にとって得るところがあったかどうかはわからないが、とにかくこれが私のやり方だ。キーツが文章の書き方を学んだのもこの方法だった。そして、キーツほど文学に対する豊かな感受性に恵まれていた人はいない。

模倣について大切なことは、真似ようとしても真似られないお手本が、文章を学ぼうとする者の手の届かないところでいつも光り輝いているということだ。いくらでも好きなだけ真似てよいが、失敗は目に見えている。そして、古いことわざにもあるように失敗は成功への唯一の王道なのだ。


人の名前やエピソードを挙げるのはこれくらいで十分でしょう。もう、秘密は公開されてしまいました。リンカーンは弁護士として成功したいと願う若者に、次のように書いています。「方法はただ一つ、よい本を何冊か手に入れ、それを読んで念入りに研究することです。一にも勉強、二にも勉強。それ以外に、道はありません」

どんな本か？　アーノルド・ベネットの『How to Live on Twenty-four Hours a Day（二十四時間をいかに生きるべきか）』をまず読んでみてください。この本は冷たい水風呂のように刺激的です。それは、あらゆる題材のうちで一番興味深いこと、つまりあなた自身のことを語ってくれるでしょう。そして、あなたが毎日どんなに多くの時間を無駄にしているか、時間の浪費をどうすればやめられるか、時間の節約によって取り戻した時間をどう活用するかといったことを、明らかにしてくれるでしょう。全部でわずか百三ページの本ですから、一週間あれば楽に読めます。毎朝二十ページずつ破り取って、ズボンの後ろポケットに入れておき、いつもは二十分か三十分新聞を読んでいたのを十分だけにして、その時間をそれを読むことに捧げるとよいでしょう。

「私は新聞を読むのをやめて、代わりにタキトゥスやツキジデス、ニュートンやユークリッドに親しむことにした。するとそのほうがずっと楽しいことがわかった」と第三代大統領のトーマス・ジェファーソンは書いています。このジェファーソンの例にならい、新聞を読む時間を少なくとも半分に減らせば、何週間かたつうちにだんだん自分が幸せになり、賢くなったと気づくことになると思いませんか？　とにかく一カ月試してみて、こうして取り戻した時間を、永遠に価値のある良書に捧げてみませんか？　エレベーターやバスを待ったり、注文した料理や約束の時刻が来るのを待っている間、破り取って持ち歩いているページを読むことにしませんか？

その二十ページを読んでしまったら、それを元どおり本に戻して、その次の二十ページを破り取りましょう。こうして全部を読み終えたら、バラバラになったページを表と裏の表紙の間にはさんで、輪ゴムでとめておきましょう。本がそんなふうに破られてずたずたになっても、中に書いてあることが頭に入るのなら、読まないで無傷のまま書斎の本棚に飾っておくより、はるかによいのではないでしょうか？

この『How to Live on Twenty-four Hours a Day』を読み終えたら、同じ作家の別の本も読んでみたいと思うかもしれません。『The Human Machine（人間機械）』という本を読んでみてください。この本を読めば、人をもっと上手に扱えるようになるでしょう。また、落ち着きと冷静さを育んでくれます。ここでこのような本を推薦するのは、内容がよいだけでなく、語り口がよいからです。そしてまた、あなたの語彙を必ず豊かな洗練されたものにしてくれるからです。

その他にも役に立ちそうな本がいくつかあります。フランク・ノリスの『The Octopus（オクトパス／蛸）』と『The Pit（ピット／小麦取引所）』の二冊は、これまでアメリカで書かれた小説の中で最高のものです。『The Octopus』はカリフォルニアの小麦畑で起こる騒動と悲劇を描いています。『The Pit』は、シカゴ商品取引所でくりひろげられる穀物相場をめぐる壮絶な戦いの話です。トーマス・ハーディーの『Tess of the D'Urbervilles（ダーバヴィル家のテス）』は、今までに書かれた小説の中で最も美しいものの一つです。ニューウェル・ドワイト・ヒリスの『A Man's Value to Society（社会のための人間の価値）』とウィリアム・ジェイムズ教授の『Talks to Teachers（教師のための話）』の二冊は一読に値します。アンドレ・モロワの『Ariel, A Life of Shelley（アリエル――シェリーの生涯）』、バイロンの『Childe Harold's Pilgrimage（チャイルド・ハロルドの巡礼）』、ロバート・ルイス・スティーヴンソンの『Travels with a Donkey（ロバとの旅）』も忘れてはなりません。ラルフ・ワルド・エマーソンを日々の友としましょう。『Self-Reliance（自己信頼）』と題する彼の有名なエッセイを、彼に命じて語らせてはいかがですか？　次のような堂々とした　その文章を、彼の口からあなたの耳へささやきかけてもらいませんか。

内に秘めた信念を語られよ。そうすれば、それは万人に共通した見解となるであろう。

なぜなら、最も内的なものは、常に最も外的なものになるからだ。そして、我々が最初に考えたことは、「最後の審判」のトランペットの響きに乗って、我が身に返ってくる。心の声は誰にとってもなじみ深いものであるが、我々がモーゼ、プラトン、ミルトンを偉大であると考える最大の理由は、彼らが書物や伝統にとらわれず、また、人が言ったことではなく、自分白身の考えを語っているからだ。人は吟遊詩人や賢人ぶった連中の言う天空の輝きよりも、自分の心の中にひらめく閃光の存在に気づき、それを見守ることを学ぶべきだ。しかし、人は自分の考えを、それが自分のものだからという理由で、心にとめようともせずに退けてしまう。天才の作品のどれをとってみても、その中には我々がそのように退けてしまった自分たち自身の考えが表現されていることに気づく。それらはある種の近づきがたい威厳をもって迫ってくる。偉大な芸術作品が我々に与えてくれる教訓のうちで、これほど感動的なものはない。たとえすべての人が反対の声を上げている時でも、人のよい頑固さをもって、自分たち自身の自発的な印象に従うべきであることを、それらの作品は教えている。さもないと、明日にも誰か知らない人が、私たち自身がいつも考え、感じてきたとおりのことを、見事な感覚と表現の仕方で言ってのけるかもしれない。そしてその時、我々は恥じ入りながら、もともとは自分自身のものだった考えを、他人から頂戴するはめになるのである。

人間は誰でも、教育を受けているうちに、人をうらやむのは無知の証拠であること。模倣は自殺行為であること。良きにつけ悪しきにつけ自分の分け前に甘んじなければならないこと。広い宇宙にはよいものが満ちてはいるが、耕すべく与えられた土地に注ぐ労苦なくしては、栄養のあるトウモロコシの一粒さえ手に入れることはできないこと。こういったことが真実だと確信する日が、必ずやってくるものだ。人に宿る力は本質的に新しい力であるため、自分にできることはいったい何なのかは、自分にしかわからないだけでなく、実際にやってみるまでは、そのことが自分自身にもわからないのだ。

さて、最後に、とっておきの最も優れた作家の話を一言。それは誰でしょうか？　最良だと思う本を百冊挙げるよう求められた時、ヘンリー・アーヴィング卿はこう答えました。「百冊の本よりもまず、次の二冊を勉強するに限ります。それは聖書とシェイクスピアです」。ヘンリー卿の言うとおりです。イギリス文学の源になっている、この二つの偉大な泉の水を飲みましょう。ゆっくりと何度も。夕刊を投げ捨ててこう言うのです。「シェイクスピアよ、ここに来て、今宵はロミオとジュリエットの物語や、マクベスと彼の野心について語っておくれ」と。

こういうことをすると、どんなよいことがあるでしょうか？　知らず知らずのうちに、しかし必ず、あなたの言葉遣いは少しずつ美しく洗練されたものになっていくでしょう。あなたが親しんできた仲間たちであるいろいろな名著の輝きや美しさ、威厳といったものがあなたの言葉遣いに反映されてくるでしょう。文豪ゲーテは次のように言っています。「何を読んでいるか言ってみてください。そうすれば、あなたがどういう人間なのか教えてあげましょう」

私の提唱するこの読書計画には、意志の力と時間を注意深く活用するということ以外、ほとんど何も必要としません。あなたはエマーソンの随筆集とシェイクスピアの戯曲集のポケット版を、一冊五十セントで買い求めさえすればよいのです。

## ◉言葉の使い方についてのマーク・トウェインの秘訣

マーク・トウェインは、いったいどうやって、あのように言葉をいとも楽々と使いこなす技術を伸ばしていったのでしょうか？　若い頃、彼ははるばるミズーリ州からネバダ州まで、全行程を駅馬車で、実にのろのろとした苦痛に満ちた旅をしました。当時は食べ物、時には水さえも、乗客と馬のために一緒に運ばなければなりませんでした。余分な重量は生死に関わることにもなりかねないため、荷物には一オンス単位で料金が課されました。しかし、マーク・トウェインは『ウェブスター大辞典』を肌身離さず持ち歩き、山道や、焼けつく砂漠、強盗やインディアンの横行する土地などを旅したのでした。彼は何とかして言葉に熟達したいと思っていました。そこで、持ち前の勇気と常識で、言葉に熟達するために必要なことをはじめたのです。

イギリスの政治家で、のちにチャタム伯となったウィリアム・ピットも、その息子でやはり政治家の通称「小ピット」も、辞書をはじめから終わりまで、どのページも一語残らずじっくりと読み通し、しかもそれを二度繰り返しました。詩人ブラウニングは毎日辞書に読みふけり、知識を得るだけでなく、辞書を読むことそれ自体を楽しんでいました。リンカーンは、彼の伝記を書いたニコレイやヘイによれば、「いつも黄昏の中に座り、夕闇が迫って読めなくなるまで、辞書を読んでいた」そうです。ここに挙げたのは特殊な例ではありません。優れた作家や雄弁家と言われる人たちは、皆同じことをしています。

第二十八代大統領ウッドロー・ウィルソンは、非常に英語が堪能でした。彼の書いた文章のいくつか、たとえばドイツに対する宣戦布告の中のある部分などは、間違いなく優れた文献としての位置を占めるものと思われます。ウィルソンがどのようにして言葉を駆使する方法を学んだかを、彼は自ら次のように語っています。

父は、家族が不正確な言葉遣いをするのを決して許しませんでした。子供がちょっとした言い間違いをしても、すぐに父に指摘されたものです。聞き慣れない言葉はすぐ説明してくれて、それらを日常会話にせいぜい使ってしっかり覚えるように、と言われました。

ニューヨークのパブリック・スピーキングの受講生の中に、文章がしっかりしていて、言葉が簡潔で美しいことから、よくほめられている人がいます。その人が最近、雑談中に、どうやって正確で適切な言葉を選ぶ能力を身につけたか、その秘訣を打ち明けてくれました。それは次のようなことでした。日常の会話や読み物の中で知らない言葉に出くわすと、そのつどメモ帳に書きつけておきます。そして、就寝する前に辞書に当たって、その言葉を自分のものにします。昼間のうちにそのような学習材料が集まらなかった日は、ファーナルドの『Synonyms, Antonyms and Prepositions（同義語、反義語、前置詞）』を一、二ページ丹念に読んで、普通は完全な同義語として使いそうな言葉でも、その正確な意味を心にとめます。「一日に一語、新しい言葉を」それが彼のモットーです。ということは、一年たてば三百六十五の言葉が、表現のための道具として新しく加わるということです。これらの新しい言葉を小さな手帳に蓄積しておいて、日中の合間に復習します。言葉は三度使えば自分の語彙として永久に身につくことがわかった、と彼は語っていました。

## ◉あなたが使う言葉のかげにあるロマンチックな物語

言葉の意味をつきとめるためだけでなく、その派生を知るためにも辞書を使いましょう。言葉の歴史ないし起源は、普通、言葉の意味が書かれてある後ろの括弧の中に記載されています。あなたが毎日話している言葉は単なる退屈な、物憂い音にすぎない、などと一瞬たりとも思ってはなりません。それらは色彩を帯び、ロマンスに満ちているのです。たとえば、「電話で食料品店に砂糖を注文する」というようなありふれたことを言うにも、数多くのいろいろな言語や文明から借りてきた言葉を使わないわけにはいきません。「telephone

（電話）」はギリシア語の「遠い」という意味の「tele」と「音」という意味の「phone」という二つの語からできています。「grocer（食料品店）」は古いフランス語の「grossier」から派生していて、そのフランス語はラテン語の「grossarius」を母体としています。その文字どおりの意味は「卸し」で、つまり、「まとめて売る人」という意味です。「sugar」という語はフランス語から派生しています。その元はスペイン語です。それはまた、元をたどればアラビア語からきています。その元はペルシア語です。ペルシア語の「shaker」はキャンデーという意味のサンスクリット語「carkara」を母体としています。

あなたは今、会社に勤めているかもしれないし、あるいは自分で会社を経営しているかもしれません。「company（会社）」は「仲間」という意味の古いフランス語から派生しています。そして「companion」という語は、文字から言えば「一緒に」という意味の「com」と「パン」という意味の「panis」からできています。あなたと会社はパンを共有しているのです。「会社」の本来の意味は、一緒にパンをつくろうとする人の集まりということです。あなたの「salary（給料）」は、文字どおりに言えば、あなたの「塩のお金」（salt money）です。ローマの兵士は塩を買うための手当を支給されていました。そしてある日、どこかのひょうきん者が自分の収入全体を「salarium」と言ったことから、それが俗語のようになり、以来長い間かかって立派な英語になったのです。あなたは今、「book（本）」を手にしています。その文字どおりの意味は「beech（ブナ）」です。大昔、アングロ・サクソン人は、ブナの木やブナの書記板に文字を刻みつけました。あなたのポケットの中の「dollar

（ドル）」の文字どおりの意味は「valley（谷）」です。一ドル貨は十六世紀に「聖ヨアヒムのThaler（Joachimsthaler／ターラー銀貨）」、つまり「dale（谷間）」または「valley（谷）」ではじめて鋳造されたのです。

「janitor（管理人）」と「January（一月）」という言葉は、ともに、ローマに住み、ドアの錠やかんぬきを専門につくっていた、エトルリア人の鍛冶屋の名前から派生したものです。彼は死後、異教徒の神として神格化され、二つの顔を持つとされました。したがって、彼は同時に両側を見ることができ、ドアの開け閉めと結びつけて考えられるようになったのです。そこで、一年の終わりで翌年のはじめにあたる月を「Januarу」、つまり「Janusの月」と呼んだのです。そういうわけで、私たちが「January」とか「janitor」と言う時、それはキリストが生まれる一千年も前に生きていて、Janeという名の妻がいた鍛冶屋の名前に敬意を表しているのです。

七番目の月「July（七月）」はジュリアス・シーザーにちなんで名づけられました。そこでアウグストゥス（Augustus）皇帝は負けてはならじと、その翌月を「August（八月）」と名づけました。しかし八番目の月は当時三十日しかなかったので、アウグストゥスは自分の名前のついた月がシーザーの名前のついた月よりも短いことを心外に思い、「February（二月）」から一日取り上げ、「August」に加えました。この虚栄心の強い盗人の所業は、あなたの家に今かかっているカレンダーを見れば、一目瞭然です。言葉の歴史とはこのように実に面白いものなのです。

大きな辞書で次の言葉の語源を調べてみてください。atlas（地図帳）、boycott（ボイコット）、cereal（穀類）、colossal（巨大な）、concord（一致）、curfew（夜間外出禁止）、education（教育）、finance（財務）、lunatic（狂人）、panic（パニック）、palace（宮殿）、pecuniary（金銭上の）、sandwich（サンドウィッチ）、tantalize（じらす）。これらの言葉にまつわる物語を知ると、一つ一つの言葉が二倍、色彩豊かな興味深いものになるでしょう。そして、それ以後は、これらの言葉をいっそう興味深く、楽しく使えるようになることでしょう。

## ◉一つの文章を百四回書き直す

言おうとすることを的確に話し、自分の考えを非常に微妙な意味まで表現するよう努力しましょう。それは経験を積んだ作家にとっても、必ずしも容易なことではありません。アメリカの女流作家ファニー・ハーストは、時には五十回から百回も文章を書き直すことがあると話してくれました。その話をしたつい二、三日前にも、実際に数えてみると、一つの文章を百四回も書き直してあったそうです。メイベル・ハーバート・アーナーは、新聞各社に配給予定の短い記事から、ほんの一つか二つ文章を削るために、午後を丸々費やすことがよくあると打ち明けてくれました。

アメリカの政治家ガヴァヌーア・モリスは、同じくアメリカのジャーナリスト・作家のリチャード・ハーディング・デイヴィスが、どんなに苦心して適切な言葉を探そうとしたかを語っています。

彼の小説の中の言葉は皆、彼が考え出した無数の言葉の中から厳選されて残ったものです。語句、節、ページ、物語全体さえもが、何度も何度も書き直されました。彼は削除の原則に基づいて文章をつくりました。自動車が門のところで向きを変えて入ってくるところを書きたいとすると、彼はまず細部まであますところなく長々と詳細に描写します。その詳しさたるや、キリスト教国の中で、〝方向転換〟についてこれ以上注意深く観察した人はいないだろうと思えるほどです。それから、今まで骨折って思い起こしたそういう詳しい描写を、一つ一つ削除する作業に取りかかるのです。そして、次から次へと削り取ったあとで、彼は自問します。「まだイメージは残っているかな?」。もしも削りすぎだということになると、彼は今削ったばかりの詳細な説明を元に戻し、別の何かを削ってみます。そういうことを何度も繰り返し、超人的な苦労を重ねた末に残るのは、読者の目の前を一瞬のうちに通りすぎる水のように明澄な(最も細かい部分まで完璧な)映像なのです。彼の物語や小説がいつも魅力的な光彩を放っているのはこのためです。

私たちのほとんどは、そんなに熱心に言葉を探すような時間も根気も持ち合わせてはいません。以上のような例を挙げたのは、成功している作家が的確な言いまわしや表現をどれほど重要と考えているかを示すためで、スピーチを学ぶ皆さんがこれを励みにして、ますます英語を使うことに興味を持ってくれるように願ってのことです。もちろん、話し手が文章の途中で口ごもり、アーとかエーとか言いながら、自分が伝えたい意味を微妙な意味まで正確に表現できる言葉を探すなど、実際的なやり方とは言えません。そうではなくて、スピーチに上達しようとする人は、日頃友人と話をしたりする中で、自分の言いたいことを的確に表現する練習をすべきです。そうすれば、いつかはそれが自然にできるようになります。そういう練習をするべきなのですが、実際にそれをしているでしょうか？していないのです。

ミルトンは八千語を、また、シェイクスピアは一万五千語を、それぞれ使ったと言われています。『スタンダード辞典』には四十五万語が収録されています。しかし、普通の人は一般に、およそ二千語で間に合わせていると言われています。いくつかの動詞と、それをつなぎ合わせるのに必要なだけの接続詞、少しばかりの名詞、それと酷使気味の形容詞を少々、といったところです。頭を使うのが面倒なのか、仕事で頭がいっぱいなのか、正確で的確に話す練習をしようとしないのです。その結果、どうなるでしょうか？　例を挙げましょう。かつて、私はコロラド川のグランド・キャニオンのほとりで、忘れがたい数日を過ごしたことがあります。その際、ある日の午後、私は一人の女性がチャウチャウ犬にも、オーケストラの曲にも、ある男性の性質にも、そして何とグランド・キャニオンそのものにも、同じ形容詞をあてているのを聞きました。それらは皆、「beautiful（美しい）」の一言で片づけられていたのです。

それぞれについて話をする場合、この女性は何と言うべきだったのでしょうか？　ここにロジェのシソーラス（類語辞典）が挙げる「beautiful」の同義語のリストがあります。先ほどの女性は、どの形容詞を使うべきだったと思いますか？

形容詞

***beautiful***（美しい）――beauteous（うっとりするほど美しい）、handsome（ハンサムな、端麗な）、pretty（きれいな）、lovely（愛らしい）、graceful（優美な）、elegant（上品な）、exquisite（このうえなく美しい）、delicate（繊細な）、dainty（優美な、きゃしゃな）。

***comely***（端正な）――fair（魅力的な）、goodly（器量のよい）、bonny（愛らしい）、good-looking（美貌の）、well-favored（顔立ちのよい）、well-formed（形のよい）、well-proportioned（よく均整のとれた）、shapely（格好のよい）、symmetrical（均整のとれた）、harmonious（調和した）。

***bright***（明るい）――bright-eyed（きらきらした目の）、rosy-cheeked（バラ色の頬の）、rosy（バラ色の）、ruddy（血色のよい）、blooming（花のような）、in full bloom（花盛りで）。

***trim***（きちんとした）——trig（こぎれいな）、tidy（きちんとした）、neat（さっぱりした）、spruce（こぎれいな）、smart（洗練された）、jaunty（粋な）、dapper（こざっぱりした）。

***brilliant***（光り輝く）——shining（光る）、sparkling（きらめく）、radiant（光を放つ）、splendid（立派な）、resplendent（輝く）、dazzling（まぶしい）、glowing（白熱している）、glossy（光沢のある）、sleek（滑らかな）、rich（〈色が〉濃い）、gorgeous（華麗な）、superb（素晴らしい）、magnificent（壮大な）、grand（堂々とした）、fine（見事な）。

***artistic***（芸術的な）——aesthetic（審美的な）、picturesque（絵のような）、pictorial（絵画的な）、enchanting（魅惑的な）、attractive（魅力のある）、becoming（よく似合う）、ornamental（装飾的な）。

***perfect***（完全な）——unspotted（汚点のない）、spotless（しみ一つない）、immaculate（汚点のない）、undeformed（変型していない）、undefaced（〈碑などが〉表面の摩損のない）。

***passable***（まあまあの）——presentable（人前に出して恥ずかしくない）、tolerable（まずまずの）、not amiss（悪くない）。

引用した同義語はロジェの『Treasury of Words（言葉の宝庫）』からとったものです。この本はロジェのシソーラスの簡約版です。実に便利な本で、私自身も物を書く時は、必ずこの本を手元に置いています。時には普通の辞書の十倍くらい使うこともあります。

ロジェがこのシソーラスを著わすために何年もの労苦を捧げたというのに、この本は普通のネクタイ一本の値段で手に入り、机の上に置けば生涯あなたの役に立ってくれるのです。書棚の奥にしまっておくような本ではありません。絶えず活用するための道具です。スピーチの原稿を書いたり、文章表現に磨きをかける時に、せいぜい活用してください。手紙や委員会報告を口述する時にも利用してください。この本を毎日活用するようにすれば、言葉についてのあなたの実力は二倍にも三倍にもなるはずです。

## ◉使い古された言いまわしを避ける

正確に話すだけでなく、新鮮で独創的な話し方をするよう努めましょう。勇気をもって、自分が思ったとおりのことを話しましょう。なぜなら、「それらは神がつくり給うたもの」だからです。たとえば、ノアの洪水のすぐ後、ある独創性に富んだ人が「キュウリのように冷たい」というたとえをはじめて使いました。それはその当時は非常に優れた表現でした。なぜなら、非常に新鮮だったからです。旧約聖書にも記されているベルシャツァルの有名な酒宴の頃でも、まだその言いまわしには新鮮味があったので、晩餐後のスピーチにも立派に使えたようです。しかし、自分の独創性に誇りを持つ人なら、こんなに長い年月を経た今、同じたとえを使うのは、いささか気がひけるというものではないでしょうか。
ここに冷たさを表現するたとえが十二あります。これらは使い古された「キュウリ」のたとえと同じくらい効果的で、しかもはるかに新鮮で適切だと思いませんか？

カエルのように冷たい。
朝の湯たんぽのように冷たい。
込め矢（鉄砲に弾薬を装塡する棒）のように冷たい。
墓石のように冷たい。
グリーンランドの氷山のように冷たい。
粘土のように冷たい。――コールリッジ
亀のように冷たい。――リチャード・カンバーランド
吹雪のように冷たい。――アラン・カニンガム
塩のように冷たい。――ジェイムズ・ハネカー
ミミズのように冷たい。――モーリス・メーテルリンク
夜明けのように冷たい。
秋風のように冷たい。

さて、冷え冷えしてきたところで、冷たさを伝えるあなた独自のたとえを今、考えてみ

てはどうでしょう。勇気を出してうんと独創的なのをつくり、ここに書き出してみてください。

……のように冷たい。
……のように冷たい。
……のように冷たい。
……のように冷たい。
……のように冷たい。

私は以前キャサリン・ノリスに自分の文体をつくり出すこつを尋ねたことがあります。彼女は次のように答えてくれました。「一流の散文や詩を読むことです。そして、自分の文章を批判的に眺めて、ありふれた語句や使い古された言いまわしを取り除いていくことです」と。

ある雑誌の編集者が、かつて私にこんなことを言いました。「出版してほしいと持ち込まれた小説の中に、陳腐な言いまわしが二つか三つ見つかると、その先を読んで時間を無駄にするより、すぐさま著者に送り返すことにしている。なぜなら、表現に独創性のない人は、考え方にも独創性がほとんどないからだ」

## ◈まとめ◈

一、私たちはたった四つの接点で人と触れ合っている。私たちはこの四つの点、つまり私たちの行動、外観、話す内容、話し方によって評価され、類別される。どういう言葉を使うかによって判断される場合も非常に多い。かつて三十年にわたってハーバード大学の総長を務めたチャールズ・W・エリオットは、次のように語った。「紳士淑女の教養として、これだけはぜひとも身につけていただきたいと常々考えている知的財産とでも言うべきものが一つあります。それは、母国語を正確に美しく使いこなす能力です」

二、どんな人とつきあうかによって、あなたの言葉遣いは大きく違ってくる。だから、リンカーンを見習い、優れた文学作品に親しむようにしよう。リンカーンがよくしたように、夜はシェイクスピアその他の優れた詩人や散文の巨匠たちに親しもう。そういうことを実践していると、必ずや知らず知らずのうちに心が豊かになり、言葉遣いにもあなたが親しんでいる巨匠たちの響きが多少とも備わってくるだろう。

三、「私は新聞を読むのをやめて、代わりにタキトゥスやツキジデス、ニュートンやユークリッドに親しむことにした。すると、そのほうがずっと楽しいことがわかった」とトーマス・ジェファーソン大統領は書いている。彼を見習おうではないか。新聞を読むことを完全にやめなくてもよいから、今の半分の時間で読んでしまおう。こうして節約した時間を不朽の名作を読むことにあてよう。そういう本から二、三十ページ破り取り、ポケットに入れておいて、昼間の空いた時間に読むようにしよう。

四、本を読む時は辞書をかたわらに置いておこう。知らない言葉が出てきたら、辞書に当たってみること。用法を調べるようにすると、その言葉はしっかり記憶される。

五、言葉の派生を調べよう。言葉の歴史は退屈で無味乾燥なものではなく、ロマンスに満ちている場合が多い。たとえば、salary（給料）という語は、本当はsalt money（塩を買う金）のことだった。ローマの兵士は塩を買うための手当を支給されていた。ある日のこと、どこかのひょうきん者が自分の給料をふざけてsalt moneyと言ったことから、それが俗語のようになった。

六、棚ざらしの、使い古した言葉を使わない。意味を正確・的確に伝えよう。ロジェの『Treasury of Words（言葉の宝庫）』を座右において、せいぜい活用しよう。見て感動したものをすべてbeautifulで片づけてしまうのは困りもの、beautifulの同義語、たとえばelegant, exquisite, handsome, dainty, shapely, jaunty, dapper, radiant, dazzling, gorgeous, superb, magnificent, picturesqueなどの中から、それぞれ適切なものを選んで使うようにすれば、もっと正確に、もっと新鮮で美しい言いまわしで、あなたの言おうとすることを相手に伝えることができるだろう。

七、「キュウリのように冷たい」というような陳腐なたとえを使わない。もっと新鮮な味を出すよう努力しよう。あなた独自のたとえをつくり出すのだ。勇気を持って自分の個性を打ち出そう。

# 訳者あとがき

ロングセラー『人を動かす』『道は開ける』の著者として世界的に有名なデール・カーネギーは、人間関係の神様と呼ばれ、ビジネスマンの対人交渉に画期的な考え方を打ち出した人である。しかし、彼はもともと話し方教育の専門家として出発した。その意味で、本書はいわばカーネギーの原点を知るのに恰好のテキストと言えよう。もちろん、本書がパブリック・スピーキングの古典として、現代にも十分通用する実用的な本であることは言うをまたない。

当初、出版社ではこの本を完全な実用書としてとらえ、日本の読者に読みやすく、応用しやすいようにとの配慮から、文章も意訳し、日本の実情に即さない箇所をカットした。しかし近年、読者から、カーネギーの古典ととらえて原文に忠実な全訳を望む声が高まってきた由で、その意を汲んだのが今回の全面新訳である。

このため、日本の読者には多少わかりにくい箇所や現実に即さない箇所もある。たとえば第4章の記憶術の項であるが、英語ではワン one をラン run に、トゥー two をズー zoo に、スリー three をツリー tree に置き換えて記憶する、と書かれている。日本語ならたとえば

1を「市」に、2を「荷」に、3を「(障子の)桟」に置き換えるなどの語呂合わせが、むしろ英語より簡単にできる。

また第12章では具体的な書名を挙げて読書をすすめているが、この中には日本では、訳書はおろか原書でさえ入手できないものもかなりある。

日本の読者にとってこうしたいくらかの不便はあるにせよ、本書は、何よりも通読して面白く説得力があり、根底に流れるヒューマニズムはその後のカーネギーの展開を予感させるに十分である。時代がどう変わろうと、おどろくほどの周到さでスピーチの根本を説く本書は、今後も永く古典として読みつがれるだろうと確信している。

なお翻訳については、徳永優子さん、大道寺彩子さんに御協力いただいた。記して感謝する。

一九九一年九月

訳　者

デール・カーネギー　Dale Carnegie
1888年、米国ミズーリ州の農家に生まれ、大学卒業後、雑誌記者、俳優、セールスパーソンなど雑多な職業を経て、弁論術や成人教育の講師となり、人間関係の先覚者として名をなす。不朽の名著『人を動かす』『道は開ける』など多数の著作がある。

● 本書は英語版原書「HOW TO DEVELOP SELF-CONFIDENCE AND INFLUENCE PEOPLE BY PUBLIC SPEAKING」（©1956）を翻訳し、改訳を重ねた日本語版『カーネギー話し方入門』を文庫化したものです。

カーネギー話《はな》し方《かた》入門《にゅうもん》 文庫版《ぶんこばん》

二〇一六年一月二〇日 第一版第一刷発行
二〇二五年五月一〇日 第一版第一三刷発行

著者 D・カーネギー
訳者 市野安雄《いちのやすお》
発行者 矢部敬一
発行所 株式会社 創元社
〒五四一-〇〇四七
大阪市中央区淡路町四-三-六
電話（〇六）六二三一-九〇一〇㈹
https://www.sogensha.co.jp/
印刷 TOPPANクロレ

 ISBN978-4-422-10109-5 C0111

## 創元社刊●カーネギー関連書

改訂新装版 人を動かす　D・カーネギー著、山口博訳 電 オ 文

新装版 道は開ける　D・カーネギー著、香山晶訳 電 オ 文

新装版 カーネギー話し方入門　D・カーネギー著、市野安雄訳 電 オ 文

新装版 カーネギー名言集　ドロシー・カーネギー編、神島康訳 文

新装版 カーネギー人生論　D・カーネギー著、山口博・香山晶訳 電 オ 文

新装版 リーダーになるために　D・カーネギー協会編、山本徳源訳

自己を伸ばす　A・ペル著、香山晶訳 文

人を生かす組織　D・カーネギー協会編、原一男訳 文

セールス・アドバンテージ　D・カーネギー協会編、J・O・クロムほか著、山本望訳 電 オ 文

D・カーネギー・トレーニング　パンポテンシア編

人を動かす2――デジタル時代の人間関係の原則　D・カーネギー協会編、片山陽子訳 電 オ

マンガで読み解く 人を動かす　D・カーネギー原作、歩川友紀脚本、青野渚・福丸サクヤ漫画 電

マンガで読み解く 道は開ける　D・カーネギー原作、歩川友紀脚本、青野渚・たかうま創・永井博華漫画 電

マンガで読み解く カーネギー話し方入門　D・カーネギー原作、歩川友紀脚本、青野渚漫画 電 オ

（電＝電子書籍版、オ＝オーディオ版、文＝文庫版もあります）